Franz Josef Strauß
Zur Lage

Franz Josef Strauß
Zur Lage

Nachwort
von Golo Mann

Seewald Verlag
Stuttgart

 Schutzumschlag und Einband von Franz Wöllzenmüller. Gesamtherstellung: Augsburger Druck- und Verlagshaus GmbH, Augsburg.
Printed in Germany. ISBN 3 512 00570 5

Inhalt

Vorwort

In diesen Wochen wurde die Bonner Koalition aus SPD und FDP zehn Jahre alt. Die Selbstzufriedenheit, die von den politisch Verantwortlichen aus diesem Anlaß zur Schau getragen wird, entbehrt weithin jeder Grundlage: Was im vergangenen Jahrzehnt gutging, war vorher bessergegangen. Was nicht glückte, versandete meist zum Wohl des Bürgers, und was gegen den Widerstand der Opposition durchgesetzt wurde, besserte nichts und verschlechterte vieles.

Die Oktober-Visionen Willy Brandts von 1969 sind zerstoben: Mehr Demokratie sollte damals gewagt und eine Öffnung nach allen möglichen Seiten, vornehmlich aber nach Osten, vollzogen werden. Aber statt der lauthals verkündeten »Wandlung durch Annäherung« kam die Abgrenzung, und trotz einiger erreichten menschlichen Erleichterungen hat die Vertragspolitik dieser Bundesregierung nichts ändern können an der grundsätzlichen geistig-politischen Unvereinbarkeit von Freiheit und Kollektiv.

Im Zuge der sogenannten Reformpolitik der SPD/FDP-Koalition wurden die staatlichen Aufgabenbereiche ständig ausgeweitet, vor allem in der Sozial- und Bildungspolitik. Der Begriff des gesellschaftlichen Bedarfs hat inzwischen den Grundsatz der Subsidiarität fast verdrängt. Die Kapitel dieses Buches beruhen auf zwölf Reden, die ich zwischen Januar und September 1979 zu verschiedenen Anlässen und

Themen gehalten habe. Sie sind durchwegs von meiner politischen Grundüberzeugung geprägt: Der einzelne Bürger, seine Selbstverantwortung, sein Leistungswille, sein Fleiß, seine Tüchtigkeit haben Vorrang vor jeglicher staatlichen Zuwendung und Bevormundung. Unsere freiheitliche Staatsordnung setzt den selbstverantwortlich und sozialverantwortlich handelnden Menschen voraus.

Ziel freiheitlicher Politik muß sein:

- den Älteren Angst zu nehmen,
- den Jungen Hoffnung zu geben,
- den Lebensmut aller Bürger zu stärken.

Ich hoffe, dieses Buch leistet hierzu einen Beitrag.

Die wirtschaftspolitische Herausforderung der achtziger Jahre

Im Juni 1978 wurde in der Frankfurter Paulskirche der 30. Geburtstag der DM gefeiert. Die Währungsreform vom 20. Juni 1948 bedeutete den ersten Schritt aus der Not der Nachkriegsjahre. Aber die neue Währung allein hätte nicht das bewirken können, was bald darauf als sogenanntes »deutsches Wirtschaftswunder« in aller Munde war. Der rasche Wiederaufbau der deutschen Wirtschaft gelang als gemeinsames Werk aller sozialen Schichten und Berufe. Können, Fleiß, Geschick, Tüchtigkeit und der Wille, Kummer und Elend zu überwinden, entfalteten sich in den Rahmenbedingungen einer freiheitlichen und sozialen Wirtschaftsordnung. Damals zählte ich als der jüngste Abgeordnete des Frankfurter Wirtschaftsrates zu jener gar nicht großen Mehrheit, die nach tage- und nächtelangen Diskussionen die wirtschaftspolitischen Vorstellungen Ludwig Erhards gegen den leidenschaftlichen Widerstand der Verfechter einer staatlich gelenkten Wirtschaft durchgesetzt hat.

Als Politiker über die Grundsätze Sozialer Marktwirtschaft zu Unternehmern reden, hieße graue Theorie denen predigen, die seit 30 Jahren im Wettbewerb stehen. Deshalb heute nur soviel: Demokratischer Rechtsstaat, Parlamentarische Demokratie und Soziale Marktwirtschaft bilden nach meiner politischen Überzeugung die tragenden Elemente ein und derselben staatlichen, gesellschaftlichen und wirtschaftlichen Ordnung. Keines dieser drei Elemente kann man herausnehmen, abbauen, beseitigen, ohne die beiden anderen ebenfalls zu gefährden und schließlich zum Einsturz zu bringen. Soziale Marktwirtschaft beruht auf Leistung und Wettbewerb, ist ein an diesen beiden Grundlinien orientiertes Ordnungssystem. Sie bedeutet aber auch: Freiheit der Wahl des Arbeitsplatzes, und dies nicht nur als rechtstheoretisches Postulat. Diese Freiheit muß auch in der Wirklichkeit durch eine möglichst große Zahl von Selbständigen, von Arbeitgebern dargestellt sein. Denn je geringer die Zahl der Selbständigen wird, desto inhaltsärmer und wirklichkeitsfremder wird das Grundrecht der freien Wahl des Arbeitsplatzes für die Arbeitnehmer.

Zweitens bedeutet Soziale Marktwirtschaft, daß der Bürger über den eigenen Verbrauch frei entscheidet. Wer ständig von »gesellschaftlichem« Bedarf redet und diesen von öffentlich bestellten Räten feststellen lassen möchte, damit die Produktion bedarfsgerecht gelenkt werde, der wird auch den Verbrauch bestimmen wollen. Aber unsere mündigen Bürger brauchen nicht irgendwelche Räte, um zu wissen, was sie wollen. Daß hierbei manchmal Kaufkraft und Wunsch nicht miteinander im Einklang stehen, diese Erfahrung machen alle Einkommensschichten. Es bedeutet daher einen Verrat am mündigen Bürger, ihm als dem angeblichen Opfer des Konsumterrors und der Werbehetze vorzuschreiben, was er wollen soll.

Und drittens ist die Soziale Marktwirtschaft nicht denkbar ohne das Recht auf Privateigentum an den Produktionsmitteln. Für viele Weltverbesserer verengt sich die gesamte gesellschaftspolitische Auseinandersetzung auf die Frage: In wessen Händen sollen die Produktionsmittel sein? Nach ihrer Meinung wäre der glückliche Endzustand der menschheitlichen Entwicklung, gewissermaßen die Vorstufe, wenn nicht gar schon die Endstufe des möglichen Paradieses dann erreicht, wenn es keine private Verfügungsgewalt über Produktionsmittel mehr gäbe – ausgenommen den vielleicht noch geduldeten Familienbetrieb.

Solcher ideologischen Verhärtung der Gedankenwelt gegenüber hilft es wenig, Erfahrungsbeispiele oder theoretische Gegenargumente vorzubringen. Denn in diesem geistigen Zustand – man mag ihn »dauerpubertäre Verkrustung« nennen – werden weder die praktischen Erfahrungen mit den beiden wirtschaftlichen Ordnungsmöglichkeiten zur Kenntnis genommen, noch ist man bereit und fähig, sich mit Argumenten auseinanderzusetzen. Diese ideologische Vorprägung der Gedankenwelt geht bis in hohe akademische Ränge hinein.

Schließlich bedeutet Soziale Marktwirtschaft die Freiheit des Unternehmers, seine Investitionsentscheidung im Rahmen allgemein gültiger Rechtsvorschriften zu treffen – also nicht nach gezielter staatlicher Weisung.

Aus Kreisen der Industrie wurde einmal etwas zwielichtig das Angebot in den Raum gestellt, eine Investitionsmeldestelle einzurichten. Man glaubte wohl, dadurch seien weitergehende Forderungen zu vermeiden, etwa Investitionsplanung, -lenkung, -kontrolle – was neuerdings ja alles »vorausschauende Strukturpolitik« heißt. Glücklicherweise ist dieser Plan wieder fallengelassen worden, weil man eingesehen hat, daß die Möglichkeit der Überproduktion den Wettbewerb fördert. Beides läßt sich nicht voneinander trennen. Deshalb ist Soziale Marktwirtschaft mit öffentlicher Investitionsplanung, -lenkung und -kontrolle, auch mit deren Vorstufe, der öffentlichen Meldepflicht für geplante Investitionen, unvereinbar. Der scheinbare Vorteil, der daraus erwüchse, erwiese sich sehr bald als Nachteil, weil die starken Schubkräfte des Wettbewerbs allmählich der bürokratischen Bequemlichkeit wichen: Man wüßte ja, was die Konkurrenz plant.

Stets habe ich erklärt, daß der Wiederaufbau der zerstörten Städte, Industrie- und Verkehrsanlagen nach dem Zweiten Weltkrieg die gemeinsame Leistung von Arbeitnehmern und Unternehmern gewesen ist. Die Soziale Marktwirtschaft hat mit einer Unternehmerwirtschaft gar nichts zu tun. Sie stellt das wirtschaftliche Ordnungssystem unseres ganzen Volkes dar, eingeführt durch die parlamentarische Mehrheit im Frankfurter Wirtschaftsrat, sodann im Bundestag durch eine Reihe weiterer politischer Entscheidungen ausgebaut. Und dies gelang mit so durchschlagendem Erfolg, daß sich ihre bis dahin heimlichen Anhänger im sozialistischen Lager offen hervorwagen durften, ihre lernwilligen Gegner nicht zuletzt wegen des Eindrucks bei dem Wählervolk sich zaghaft dazu bekannten und ihre unbelehrbaren Gegner es nicht mehr wagten, gegen die freiheitliche Wirtschaftsordnung mit offenem Visier zu kämpfen.

Die Soziale Marktwirtschaft ist heute bei uns nicht mehr unumstritten, und wir sollten dies nicht nur beklagen, sondern mehr als bisher dazu bereit sein, uns der Kritik zu stellen. Dies gilt für alle gesellschaftlichen Gruppen ebenso wie für die Politiker.

Der unternehmerische, der betriebswirtschaftliche Erfolg allein liefert noch keinen hinreichenden Beweis dafür, daß ein wirtschaftliches Ordnungssystem richtig, hochwertig und glaubwürdig ist. Und das ist gut so. Wenn andererseits die Gewerkschaften das Mitbestimmungs-Modell der Montan-Union auf die gesamte Wirtschaft übertragen wollen, dann ist Kritik an dieser Zielsetzung erlaubt und geboten.

Beide Seiten müssen bereit sein, miteinander zu sprechen, müssen bereit sein, sachlich begründete Kritik der jeweils anderen Seite anzuhören und sich mit ihr ebenso sachlich auseinanderzusetzen. Denn die Demokratie lebt vom Dialog. Dieser kann sehr hart geführt werden. Die verschiedenen politischen und gesellschaftlichen Auffassungen, Interessen und Ziele sollen mit voller Härte und Schärfe aufeinandertreffen und im Rahmen des demokratischen Grundkonsensus ausgetragen werden. Wo in geschlossenen Zirkeln und politischen Hinterzimmern die Fäuste geballt oder drohend erhoben werden, dort ist es um die Demokratie bald getan. Und die Gefahr ist nicht klein, daß unsere freiheitliche Ordnung von einer Generation zerstört wird, die nicht weiß, was es heißt, in Freiheit zu leben, weil sie die Unfreiheit niemals kennengelernt hat.

Jeder demokratische Politiker ist überzeugter Anhänger des gewerkschaftlichen Gedankens und Auftrages und der Gewerkschaftsfreiheit – und muß es sein. Denn es gibt kein freies Unternehmertum ohne freie Gewerkschaften. Es gibt aber auch keine freien Gewerkschaften ohne privates Unternehmertum, das sich frei entfalten kann. Deshalb haben klassenkämpferische Parolen und Kollektivbeschimpfungen weder bei uns noch irgendwo auf der Welt auch nur einen einzigen Arbeitsplatz gebracht. Sie haben nirgendwo den materiellen Wohlstand erhöht, sie haben nirgendwo soziale Sicherheit und dauerhafte Gerechtigkeit hervorgebracht. Nur in vernünftiger, verantwortungsbewußter und partnerschaftlicher Zusammenarbeit der verschiedenen gesellschaftlichen Gruppen sind diese Ziele erreichbar. Im wirtschaftspolitischen Raum heißt das: Arbeitnehmer und Unternehmer stehen nicht unter dem ehernen Gesetz des Klassenkampfes, sie können miteinander vernünftig und verantwortungsbewußt reden.

Ganz sicher hat die Erfüllung der unternehmerischen Aufgabe im Rahmen der Sozialen Marktwirtschaft in den Jahrzehnten des Wiederaufbaues den Arbeitnehmern mehr gebracht als jede andere denkbare Wirtschaftsordnung, und zwar nicht nur materiell, sondern auch politisch, rechtlich, gesellschaftlich und soziologisch. Wer also unsere Wirtschaftsordnung funktionsuntüchtig machen, sie zerschlagen will, der muß sich fragen lassen: Wo ist das bessere Ordnungssystem? Meine politischen Freunde und ich meinen: Nirgendwo. Zur Sozialen Marktwirtschaft aber gehört der freie Unternehmer. Ihn als Ausbeuter, Profitgeier und Freibeuter beschimpfen heißt, unser gesamtes wirtschaftliches Ordnungssystem überhaupt in Frage stellen. In Wirklichkeit ist der Arbeitnehmer bei uns nicht ausgebeuteter Proletarier, sondern ein sich seiner Rechte voll bewußter, freier Staatsbürger.

Das Problem der Mitbestimmung wird in den achtziger Jahren zu einem europäischen Thema werden. Dafür wird schon das Europäische Parlament sorgen. Das Ziel, nämlich die volle paritätische Mitbestimmung, wird das Selbstverständnis der Gewerkschaften nicht unberührt lassen. Denn mehr Mitbestimmung bedeutet natürlich mehr Macht, mehr Recht, aber auch: mehr Verantwortung, mehr Engagement und mehr Haftung. Unabweisbar wird sich dann die Frage stellen, ob Gewerkschaften, die in der Leitung von Unternehmen eine maßgebende Rolle spielen, sich noch als reine Arbeitnehmerorganisationen verstehen können, die vor allem in Lohn- und Tarifauseinandersetzungen versuchen herauszuholen, was herauszuholen ist. Die Mitbestimmung ist ohne die Mitverantwortung für den wirtschaftlichen Erfolg eines Unternehmens ein Widerspruch in sich selbst.

Dieser Gedankengang mündet in die Frage, wie denn die Ordnung der deutschen Wirtschaft in den achtziger Jahren aussehen werde. Wird es dann noch ein breitgestreutes, vielfältiges und freies Unternehmertum geben – oder werden sich jene durchsetzen, die unser gesamtes Wirtschaftssystem Schritt für Schritt sozialisieren wollen: durch Verstaatlichung der Schlüsselindustrie, durch Strukturräte der öffentlichen Hand, die die Investitionen lenken, planen und kontrollieren? Diese Fragen fordern auch die Arbeitnehmer heraus. Denn die Sicherheit der Arbeitsplätze, der in Jahrzehnten erworbene bescheidene Wohlstand, die persönliche und politische Freiheit des Arbeitnehmers sind gefährdet, wenn die Angriffe marxistischer Klassenkampfstrategen die marktwirtschaftliche Ordnung erschüttern.

Das neue Jahrzehnt wird uns neue Probleme bringen. Aber es wird uns nicht die Gnade einer allgemeinen politischen Problembeseitigung gewähren – etwa nach dem Vorbild der Schuldenabwälzung des Solon in Athen. Was sich an Fragen aufgehäuft hat aufgrund geistiger, politischer, struktureller Entwicklung, aufgrund auch wirklichkeitsfremder, den deutschen Interessen zum Teil zuwiderlaufender wohlstands-, stabilitäts- und freiheitsgefährdender Zielsetzungen, aufgrund mancher politischen Fehlentscheidungen im Inneren und unzulänglicher Reaktion auf weltpolitische Entwicklungen – das löst sich nicht von selbst, verschwindet nicht über Nacht, sondern bleibt uns erhalten, wird schwerer und belastender.

Aus der langen Reihe politischer Probleme, die im nächsten Jahrzehnt auf Lösung warten, will ich drei herausgreifen:

1. Der Anstieg der Alterslastquote

Unsere Bevölkerung nimmt ab. Das Verhältnis zwischen Erwerbstätigen und nicht mehr Erwerbstätigen beträgt zur Zeit noch etwa 3 : 1. Noch in diesem Jahrhundert wird ein Verhältnis von 2 : 1 gelten, wenn unsere Bevölkerung auch weiterhin im gleichen Maße wie bisher abnehmen wird. Daß immer mehr Menschen immer älter werden, ist natürlich zu begrüßen. Es ist aber nicht gut, wenn die älteren Jahrgänge einen immer größeren Prozentsatz der Bevölkerung ausmachen. 1975 waren noch 15 Prozent der Bevölkerung der Bundesrepublik Deutschland über 65 Jahre alt, bis zum Jahre 2000 werden es 16 und bis zum Jahre 2030 schließlich 23 Prozent sein. In einer Studie hat Prognos verschiedene Modellrechnungen über die möglichen Beitragssätze in der Rentenversicherung vorgelegt. Wenn die Überalterung in der Bundesrepublik Deutschland sich weiter so entwickelt wie in den letzten drei Jahren, müßten die Beitragssätze für die Rentenversicherung gegenüber den derzeitigen 18 Prozent bis auf 41,5 Prozent steigen, wenn das heute geltende Leistungsrecht, das auch die Rückkehr zur Bruttolohnformel ab 1982 wieder vorsieht, erhalten bleiben soll. Welche gefährlichen Folgen dies für die gesamte nicht nur wirtschaftliche Entwicklung hat, brauche ich nicht näher zu erörtern.

Sicher hat die rückläufige Bevölkerungsentwicklung vielfältige Ursachen, und es wäre ungerecht, allein die Politik hierfür verantwortlich zu machen. Aber die Politiker haben die Aufgabe, einer solchen verhängnisvollen Entwicklung entgegenzusteuern, anstatt sie, etwa durch Erleichterung der Abtreibung und ein Scheidungsrecht, das in Wirklichkeit ein Heiratsstrafrecht darstellt, auch noch zu fördern.

Dies tut diese Bundesregieung vor allem auf dem Gebiete des Steuerrechts. Der Wegfall der Kinderfreibeträge ist ein Verstoß gegen den Verfassungsgrundsatz einer leistungsgerechten Besteuerung. Man mag es beklagen, daß der materielle Lebensstandard vielen zum Lebenssinn geworden ist – durch schöne Sprüche und Ethikunterricht in der Schule allein läßt sich das jedenfalls nicht ändern. Wer heute mehrere Kinder großzieht, der sieht sich nun einmal benachteiligt, weil ihm viele Annehmlichkeiten, die anderen selbstverständlich,sind, immer schwerer erreichbar werden. Und dazu noch müssen sie mit dem Gefühl leben, daß ihre unter so vielen Opfern großgezogenen Kinder später einmal Beitragssätze von 30 Prozent und mehr für die Rentenversicherung auf sich nehmen müssen, um vielleicht gerade denjenigen ein finanziell gesichertes Alter zu verschaffen, die sich selbst geweigert haben, Kinder großzuziehen.

Auch die vom Bundesverfassungsgericht bis 1985 auferlegte Partnerschaftsrente wirkt nicht gerade förderlich auf die Bevölkerungsentwicklung ein. Diejenigen, die bei kostenneutraler Ausgestaltung mit Sicherheit weniger erhalten würden, werden einen politischen Druck erzeugen, der es gar nicht erlauben wird, die Partnerschaftsrente kostenneutral zu entwickeln.

Unterstellt man, daß die heutige Fruchtbarkeitsziffer beibehalten wird, daß die Löhne jährlich um 6,5 Prozent steigen und die Arbeitslosigkeit allmählich abgebaut wird, unterstellt man ferner, daß die gesamte Lohnbevölkerung von derzeit 61,4 Millionen auf 55,6 Millionen im Jahre 2000 und auf 44 Millionen im Jahre 2030 zurückgehen wird, nimmt man außerdem an, daß die Lebenserwartung bis 2000 um ein und bis 2030 um ein weiteres Jahr steigt, dann ergibt dies einen Beitragssatz von 33,3 Prozent, wenn man das geltende Leistungsrecht beibehalten will. Auch bei hohem realem Wirtschaftswachstum ist es schwer vorstellbar, daß die Erwerbstätigen in der Lage sein werden, Beitragssätze um 30 Prozent im Zuge einer langfristigen Entwicklung allein für die Rentenversicherung auf sich zu nehmen.

2. Die Staatsverschuldung

In den zwei Jahrzehnten zwischen 1949, als Fritz Schäffer für acht Jahre der erste Bundesminister der Finanzen wurde, und 1969, als ich nach dreijähriger Tätigkeit im Amt die Kasse übergeben habe, hat sich der Bund mit 14 Milliarden DM neu verschuldet, jährlich also etwa mit 700 Millionen DM. Heute sind das sozusagen kleinere Beträge, mit denen sich die Minister selbst gar nicht zu beschäftigen pflegen.

Vom 21. Oktober 1969 an, als mit der Wahl Willy Brandts zum Kanzler die alte Regierung abtrat, bis Ende 1977, also in acht Jahren, ist diese Verschuldung von 14 Milliarden DM auf 140 Milliarden DM angestiegen, hat sich also gegenüber den vorangegangenen 20 Jahren verzehnfacht. In dem im Januar dieses Jahres verabschiedeten Haushalt hat allein der Bund 30 Milliarden DM Neuverschuldung aufgenommen, also über zweimal so viel wie in den ersten 20 Jahren zusammen. Rechnet man diese Zahlen auf die Neuverschuldungsquote der ersten 20 Jahre der Bundesrepublik Deutschland um, dann hätte der Bund etwa 150 Jahre gebraucht, um zur gleichen Schuldenlast zu kommen. Ende 1979 wird gar die Schuldenlast des Bundes 205 Milliarden DM betragen. Und von den 30 Milliarden DM, die der Bund in diesem Jahr an Schulden aufnimmt, werden allein 24 Milliarden benötigt, um die Zinsen für die aufgenommenen

Schulden zu bezahlen. Verfügbar für die eigentlichen Zwecke des Haushalts bleiben also 11 Milliarden DM. Hermann Josef Abs sagte einmal, die Grenze des Schuldenmachens liege nach seiner Meinung da, wo die neuaufgenommenen Schulden nicht mehr ausreichen, die Zinsen für die alten zu bezahlen. Wenn die Schuldenaufnahme absolut und prozentual so hoch wie in den letzten drei Jahren bleibt – und nichts spricht dafür, daß es anders sein wird – dann werden wir etwa im Jahre 1985 diesen Zustand des staatlichen Perpetuum mobile erreicht haben.

3. Mangelnde Investitionstätigkeit der Wirtschaft

Wirtschaftsprognostikern gegenüber ist gesunde Skepsis angebracht. Bisweilen werden sie sogar mit Leuten verglichen, die mit Hilfe der Eingeweide rituell geschlachteter Hühner die Zukunft deuten. Maßgebende Politiker haben in der letzten Zeit die Prognosen mehrfach scharfer Kritik unterzogen. Prognosen können nur dann einen Sinn haben, wenn sie mit der nötigen Sachkunde erstellt werden und ohne jede Angst vor einer unfreundlichen Reaktion von Politikern oder Verbandsfunktionären. Niemand wird von den Prognostikern Unfehlbarkeit verlangen. Aber eines müssen wir von ihnen fordern – von wirtschaftswissenschaftlichen Forschungsinstituten ebenso wie vom Sachverständigenrat, von der Bundesbank oder anderen Institutionen: daß sie ihre Prognosen stellen ohne Rücksicht auf die Reaktion der Regierenden, allein in der Verantwortung vor den Gesetzen wissenschaftlichen Arbeitens.

Voraussagen und Studien sind nötig. Fallen sie aber zu optimistisch aus, so können sie verfrühte Forderungen heraufbeschwören, die den vorausgesagten Erfolg erschweren oder gar unmöglich machen. Ich erinnere in diesem Zusammenhang etwa an die zu optimistischen Zielprojektionen für das Jahr 1977, die in den Tarifauseinandersetzungen und Tarifabschlüssen damals eine wesentliche Rolle gespielt haben. Deshalb sind Prognosen mit äußerster Vorsicht zu erstellen und auszuwerten.

Die wirtschaftliche Ausgangslage für die nächsten Jahre ist bekannt. Wir kennen die Gründe für die wirtschaftliche Entwicklung in der zweiten Hälfte der sechziger Jahre ebenso wie die für den Umschwung im Jahre 1973. Vor allem mangelnde Investitionstätigkeit hemmt – nicht nur bei uns, aber auch bei uns, den nachhaltigen konjunkturellen Aufschwung. Und bis jetzt zeichnet es sich auch nicht ab, daß dieser Zustand sich etwa im Laufe der nächsten Jahre bessern würde. Einer ausreichenden, zukunftssichernden Investitionstätigkeit stehen noch immer eine Reihe von Hemmnissen und Schranken entgegen:

- Steigende Energie- und Rohstoffkosten,
- Steigerung der Lohnquote über jenes Maß hinaus, das noch ausreichende Mittel für Erweiterungs- und Rationalisierungsinvestitionen übrig läßt,
- die Wirtschafts- und Finanzpolitik des Bundes, der Forschung und technische Entwicklung nicht genügend fördert und
- statt einer investitionsfördernden Steuersenkung staatlichen Zuschüssen und Einkommensübertragungen den Vorrang gibt.

Eine entscheidende Frage für die Zukunft unserer Wirtschaft ist und bleibt die Höhe der Investitionsquote. Wir müssen in den achtziger Jahren wieder auf einen Zuwachs der realen Investitionsquote von mindestens 6 bis 8 Prozent pro anno kommen. Dazu muß ein gesellschaftspolitisches Klima geschaffen werden, in dem derjenige, der über die Mittel verfügt oder durch Kreditaufnahme beschafft, auch das Risiko eingehen kann, diese Mittel sinnvoll einzusetzen, d. h.: auch für Rationalisierungsinvestitionen, die ja keineswegs, wie öfters behauptet wird, zur Erhöhung der Arbeitslosigkeit beitragen, sondern im Gegenteil auch neue Arbeitsplätze schaffen. Der gewaltige strukturelle Anpassungsprozeß in den fünfziger und sechziger Jahren liefert hierfür den Beweis. Damals wurden Hunderttausende bäuerliche Existenzen, kleine Handwerksbetriebe und Einzelhandelsgeschäfte aufgegeben, und das noch vor dem Hintergrund eines verlorenen Krieges und in einem Land mit 12 Millionen Heimatvertriebenen und Flüchtlingen. Dennoch hat eine dynamisch aufstrebende Wirtschaft alle diese Kräfte aufgesogen. Von Jahr zu Jahr ist die Zahl der offenen Stellen bis in die zweite Hälfte der sechziger Jahre gestiegen, und die Zahl der Arbeitslosen war ja statistisch schon fast nicht mehr zu messen. Damals wurde der Beweis geliefert, daß zwischen technischer Neuerung und Rationalisierung und Arbeitslosigkeit durchaus kein zwingender, gleichsam naturgesetzlicher Zusammenhang besteht, im Gegenteil: Mit der Modernität der technisch-industriellen Fertigungsmethode stieg auch die Zahl der Beschäftigten.

Es ist also kurzschlüssig zu behaupten, durch jede technische Neuerung würden Arbeitsplätze »wegrationalisiert«, wie das vor allem seitens gewerkschaftlicher Kreise immer wieder geschieht. Darin drückt sich nämlich nur die Befangenheit eines Denkens aus, das meint, die Methoden der exakten Naturwissenschaften gleichsam unbefragt auch in den Gesellschafts- und Wirtschaftswissenschaften in einfacher Analogie anwenden zu können. Aber die hochkomplexen Erscheinungen in einer marktwirtschaftlich organisierten Volkswirtschaft, die ja wiederum im vielfältigen Geflecht weltwirtschaftlicher Zusammenhänge und aller möglichen politischen Ereignisse steht, erlauben es nicht, naturwissenschaftliche Gesetzmäßigkeiten aufzustellen. Das hat schon 1944 der vor wenigen Jahren mit dem Nobelpreis ausgezeichnete Grandseigneur der Volkswirtschaftslehre, Friedrich A. Hayek in seinem Buch »Der Weg zur Knechtschaft« so überzeugend dargelegt, daß er seine Ausführungen 30 Jahre später (1974) ohne jede Änderung wieder veröffentlichen konnte.

All diese Probleme werden nur schwerer und unlösbarer, je länger man sie vor sich herschiebt. Es ist deshalb unverantwortlich, wenn die Politiker nur bis zum Tellerrand des nächsten Wahlkampfes blicken und nur das sagen, was beim Wähler ankommt, anstatt deutlich zu machen, worauf es ankommt. Ich bin nicht der Meinung, wir sollten unsere oppositionelle Rolle im Bund etwa so verstehen, daß wir der Regierung die Lösung dieser Probleme durch politische Agitation und Obstruktion so schwer wie möglich oder gar unmöglich machen sollten. Im Gegenteil: Wir bieten dieser Bundesregierung an, mit ihr die unpopulären Folgen zu tragen, die sich aus einer vernünftigen, die Lösung der wirtschaftlichen Probleme energisch angehenden Politik ergeben. Wir sind dazu bereit, Mitverantwortung zu übernehmen, weil wir wissen, daß auch eine Bundesregierung mit einer breiteren parlamentarischen Mehrheit als die jetzige die Lösung der schwierigen wirtschaftspolitischen Probleme nicht allein auf ihren Schultern tragen könnte. Es gibt allerdings eine Grenze, über die hinaus dieses Angebot nicht gehen kann. Diese liegt da, wo die staatspolitische Verantwortung der Opposition einen harten politischen Gegenkurs abverlangt.

In jedem Falle aber muß die Initiative von der Regierung ergriffen werden. Die Opposition hat dann die Pflicht, sich an der Verantwortung zu beteiligen, die bessere Alternative, wenn möglich, vorzulegen und für ihre Durchsetzung zu kämpfen. Ist aber die Regierung nicht bereit, die anstehenden Probleme anzupacken, dann muß sie eben nach dem Gesetz der Demokratie abgelöst werden, damit sich andere an diesen Aufgaben bewähren können.

Die bundesstaatliche Ordnung – unentbehrlicher Eckstein unseres freiheitlichen Staates

Entscheidungen, die den föderativen Staatsaufbau betreffen, können nicht nur nach Zweckmäßigkeitserwägungen getroffen werden. Es sind auch politische, ja staatsphilosophische Entscheidungen, die sich an dem Ordnungssystem orientieren müssen, wie es uns der Verfassungsgeber in der Grundentscheidung für den föderativen Staatsaufbau nach langen, zum Teil heftigen Auseinandersetzungen im Parlamentarischen Rat vorgegeben hat. So gibt es gute Argumente für und gegen die Rückverlagerung und Neuzuweisung von Gesetzgebungszuständigkeiten an die Länder; Argumente für und gegen die Notwendigkeit der in einem föderativen Staat naturgemäß in größerer Zahl tätigen Koordinierungsgremien; Argumente für und gegen gemeinsame Finanzierung gewisser Aufgaben und Einrichtungen durch Bund und Länder.

Die Bundesrepublik Deutschland ist kein Einheitsstaat, sie ist kein Staatenbund; sie ist ein Bundesstaat, dessen Gliedstaaten zusammen den Gesamtstaat ausmachen. Die staatliche Zuständigkeit liegt nach Text und Sinn des Grundgesetzes bei den Ländern, soweit sie nicht durch Verfassung dem Gesamtstaat zugeordnet ist. Diese föderative Ordnung entspricht nicht nur deutscher Staatstradition und geschichtlicher Entwicklung. Sie ist auch infolge ihrer vertikalen Gewaltenteilung, wenn richtig verstanden, vernünftig angelegt und überschaubar angewandt, ein hochmodernes staatliches Gliederungsprinzip.

In vielen Ländern Europas ist in den letzten Jahrzehnten und Jahren ein immer stärkerer Regionalismus als Gegengewicht gegen den Zentralismus entstanden, in Ländern wie Italien, selbst Frankreich, sehr stark in Spanien, neuerdings in England, in Belgien, in Jugoslawien. Teilweise hat diese Entwicklung zu schweren Spannungen geführt. Andererseits erscheint die Dezentralisierung der Staatsgewalt in wachsendem Maße als ein unentbehrliches Mittel zur Überwindung innerer Probleme, zur Vermeidung öder Gleichmacherei, zur vielfältigen Entwicklung eines Staates auf politischem, kulturellem und wirtschaftlichem Gebiete. Dieser Regionalismus ist aber letztlich doch nur ein Notbehelf gegenüber der weit besseren Lösung des ausgeprägten föderativen Grundsatzes der staatlichen Ordnung.

Der Mut zur Vielfalt und zum Fortschritt in der Vielfalt darf nicht einem offenbar tiefverwurzelten Hang zur nivellierenden Einheitsregelung und zur perfektionistischen Bundesregelung Platz machen.

Die Bayerische Staatsregierung begrüßt es, daß ihr die Interpellation in den angesprochenen Bereichen Gelegenheit gibt, vor diesem Hohen Haus ihre Vorschläge zur Diskussion zu stellen.

In ihrer Stellungnahme vom 21. Dezember 1976 hat sich die Staatsregierung zum Schlußbericht der Enquête-Kommission des Deutschen Bundestages für Fragen der Verfassungsreform auch zur Frage der Verteilung der Gesetzgebungszuständigkeiten geäußert. Diese Stellungnahme ist unter Mitarbeit von Mitgliedern des Landtags erarbeitet worden. Sie ist nach wie vor für die Haltung der Staatsregierung zum Schlußbericht maßgebend:

1. In Übereinstimmung mit der Kommission ist die Staatsre-

gierung der Auffassung, daß die Verfassungspolitik des Bundes zu einer Verfassungswirklichkeit geführt hat, in der die Gesetzgebungszuständigkeiten der Länder bis in die Nähe des durch Art. 79 Abs. 3 GG gewährleisteten Kernbereichs geschrumpft sind. In der Staatspraxis hat sich die in Art. 70 GG normierte Zuständigkeitsvermutung mehr und mehr zuungunsten der Länder umgekehrt. Die Ausgewogenheit der Verteilung der Gesetzgebungszuständigkeiten zwischen Bund und Ländern ist jedoch ein Grundelement des föderativen Staatsaufbaus, der für uns kein Selbstzweck ist. Aus der Regierungserklärung vom 14. November 1978 greife ich dazu drei Stichworte heraus:

Föderalismus bedeutet, so heißt es dort, größere Bürgernähe, mehr politische Freiheit, größere Verteilung und wirksamere Kontrolle der Macht.

2. Die Enquête-Kommission hat zur Verteilung der Gesetzgebungszuständigkeiten folgende Vorschläge gemacht:

(1) Beseitigung der Rahmengesetzgebung durch Einbeziehung in die konkurrierende Gesetzgebung.

Dafür: Konkretisierung und Verschärfung der Bedürfnisklausel des Art. 72 Abs. 2 GG und

Nachprüfbarkeit der Beachtung der Bedürfnisklausel durch das Bundesverfassungsgericht.

(2) Einführung einer Bundeszuständigkeit für Richtliniengesetze und Ausfüllen dieser Richtliniengesetze durch den Landesgesetzgeber.

Diese Vorschläge sind jedoch nicht dazu geeignet, der zentralistischen Entwicklung Einhalt zu gebieten. Sie würden insgesamt auf lange Sicht gesehen im Bereich der Gesetzgebung eine weitere Stärkung des Bundes zu Lasten der Länder nicht verhindern, ja sogar begünstigen. Der Sinn des Grundgesetzes würde zwar nicht zerstört oder aufgehoben, aber erkennbar verschoben.

3. Die Kommission hat die zentralistische Entwicklung im Staatsleben der Bundesrepublik Deutschland ausdrücklich als bedrohlich beurteilt. Entgegenwirken kann nur eine Verfassungsreform, die den Ländern mehr Zuständigkeiten für die Landesgesetzgebung sichert.
   Unerläßlich für eine bundesstaatliche Ordnung, wie sie Art. 79 Abs. 3 GG garantiert, ist eine eigene, nicht vom Bund abgeleitete Gesetzgebungsbefugnis der Länder von angemessenem Gewicht und Umfang. Die Überlassung eines »Mindestbereichs«, wie das die Kommission vertritt, genügt ebensowenig wie eine bloße, und sei es auch eine verstärkte Beteiligung der Landesregierungen an der Bundesgesetzgebung.
4. Damit die verschobenen Gewichte wieder ausgeglichen werden, damit die Kompetenzverteilung wieder mit dem Verfassungsgrundsatz der bundesstaatlichen Ordnung in Einklang gebracht wird, ist in erster Linie – unter grundsätzlicher Beibehaltung der bisherigen Aufgabenteilung zwischen konkurrierender Gesetzgebungszuständigkeit und Rahmenzuständigkeit des Bundes – die Übertragung von Zuständigkeiten dort anzustreben, wo gesetzliche Regelungen von den Ländern ebensogut getroffen werden können. Dies gilt auch für die Zuständigkeiten, die zwar von Anfang an beim Bund lagen, für die sich aber in den letzten 30 Jahren seit Geltung des Grundgesetzes kein Bedürfnis nach bundeseinheitlicher Regelung gezeigt hat.
5. Darüber hinaus hat die Staatsregierung in ihrer Stellungnahme zum Schlußbericht der Enquête-Kommission zu erwägen gegeben, in Art. 72 GG für gewisse Bereiche der

konkurrierenden Gesetzgebung eine »subsidiäre Bundeskompetenz« einzuführen, also einerseits dem Bundesgesetzgeber die generelle, nicht durch eine Bedürfnisklausel eingeschränkte Befugnis zur Gesetzgebung einzuräumen, andererseits die Länder zu ermächtigen, die vom Bund erlassenen Gesetze für nicht anwendbar zu erklären oder abzuändern.

Die Bayerische Staatsregierung hat zwischenzeitliche Versuche des Bundes, seine Gesetzgebungszuständigkeit zu erweitern, abgelehnt. Ich erinnere vor allem an die Debatte über den Bericht der Bundesregierung über die »strukturellen Probleme des föderativen Bildungssystems«, der Gegenstand einer Aussprache im Bayerischen Landtag, im Bayerischen Senat, im Deutschen Bundestag und im Bundesrat war. Ich vertrete die Auffassung, daß die strukturellen Mängel bei einer zentralistischen Bildungspolitik erheblich größer wären.

Auf welchen Gebieten die Staatsregierung eine Rückverlagerung von Bundeszuständigkeiten auf die Länder für notwendig oder wünschenswert hält, war bereits Gegenstand der Aussprache zur Interpellation der CSU-Fraktion am 25. Mai 1977. Der damalige Staatsminister für Bundesangelegenheiten hatte beispielhaft 15 konkrete Rechtsmaterien genannt, die von den Ländern geregelt werden könnten. In der Zwischenzeit ist dieser Katalog überarbeitet, zum Teil auch verändert worden, nicht zuletzt im Hinblick auf die Möglichkeiten der Durchsetzbarkeit, die ja nicht deckungsgleich sind mit den Maßstäben der Richtigkeit. Die folgerichtige und beharrliche Beachtung des föderativen Prinzips ist nicht zuletzt eine Frage der politischen Grundeinstellung und seine Durchsetzbarkeit eine Frage des politischen Kräfteverhältnisses in Bundestag und Bundesrat.

Dabei gehört der Begriff »Föderalismus« zu den gängigen politischen Markenbegriffen, zu denen ein wortgewaltiges Bekenntnis leichter fällt als seine Umsetzung in die politische Wirklichkeit.

Die Bayerische Staatsregierung spricht klar aus, was sie meint, was sie für richtig hält und was zweckmäßig und notwendig ist, aber sie vermag nicht Grundeinstellungen anderer politischer Kräfte zu verändern. Sie ist allerdings auch nicht bereit, vor einem falschen »Zeitgeist« zu kapitulieren, der in einer zentralistischen Lösung die bessere Regelung und in der zunehmenden Stärkung der Zentralgewalt eine Voraussetzung für die höhere Lebensqualität der Bürger sieht.

In Bayern wurde die Auseinandersetzung um den föderativen Staatsaufbau Deutschlands nach dem Zweiten Weltkrieg mit gesamtdeutscher und europäischer Verantwortung geführt. Zwei Namen seien hier mit Vorrang genannt: Dr. Hans Ehard und Dr. Wilhelm Hoegner. Dr. Hans Ehard wurde am 21. Dezember 1946 vom Bayerischen Landtag zum Ministerpräsidenten gewählt und trat zwischen 1947 und 1954 mit einer Reihe grundsätzlicher und grundlegender Reden über den Föderalismus hervor. In einer am 30. August 1947 gehaltenen Rede beschäftigte er sich mit dem Problem »Föderalismus und Demokratie«, wobei er über den deutschen Föderalismus kritische Bemerkungen machte:

»Wer im Föderalismus nur ein Abwehrmittel zur Sicherung historisch überkommener partikularer und territorialer Rechte und Eigentümlichkeiten sieht, ist nicht bis zu den Tiefen seiner geistigen Urgründe vorgestoßen.«

Ohne Zweifel wollte damit Hans Ehard dem Gedanken Ausdruck geben, daß Föderalismus mehr ist als eine reine

Zweckmäßigkeitsfrage, daß Föderalismus eine geistig-moralisch-staatspolitische Grundhaltung darstellt, aus der heraus die jeweils möglichen, zweckmäßigen und notwendigen Lösungen getroffen werden können.

Hans Ehard hat 1948 in seiner Rede »Die europäische Lage und der deutsche Föderalismus«, also während des Ringens um die endgültige Gestaltung des Grundgesetzes, sich zu einem Zusammenschluß Europas bekannt und in diesem Zusammenhang erklärt, was heute noch unverändert gültig ist, daß nämlich Europas Einheit nicht zustande kommen werde, es sei denn, auf der Grundlage des föderativen Prinzips.

In der Auseinandersetzung über die sogenannte »Westlösung der deutschen Frage« sagte Hans Ehard:

»Ein föderatives Vorgehen erfordert eine ausschlaggebende unmittelbare Mitwirkung der Teile, also der Staaten oder der Länder, aus denen der Bund hervorgehen soll. So sind alle föderativen Staaten entstanden, und auch ein wirklicher deutscher Bundesstaat kann nicht anders entstehen. Alle anderen Prozeduren verwischen, wie die geschichtliche Erfahrung lehrt, von vornherein den bundesmäßigen Charakter des Staatsgebildes und schaffen unbefriedigende Zwitterbildungen voller ständiger innerer Reibungen mit der dauernden streiterfüllten Situation eines ständig in Angriff stehenden Unitarismus und eines ewig gekränkten und beleidigten Föderalismus.«

Diese Fragestellung ist heute noch genauso aktuell, wie sie es vor nunmehr über 30 Jahren gewesen ist.

Der weltweit anerkannte Nationalökonom Wilhelm Röpke, der am Institut Universitaire des Hautes Études Internationales in Genf gewirkt hat, hat im Mai 1945 eine politische Analyse geschrieben, die auch heute noch mit großer Spannung und Aufmerksamkeit zu lesen ist. Sie heißt »Die deutsche Frage« und befaßt sich thesenhaft mit dem Schicksal des Föderalismus in Deutschland. Im Hinblick auf den deutschen Geschichtsstrom traf Röpke drei Feststellungen:

Die erste bezog sich auf den Vertrag von Verdun, in dem Deutschland von Frankreich geschieden wurde. Bis zum Ende Deutschlands und seiner Verwandlung in Großpreußen 1866 ist eine gesunde, echte und dauerhafte Föderation der deutschen Nationen nicht gelungen. Ebensowenig ist es gelungen, einen Einheitsstaat – etwa nach französischem Vorbild – zu schaffen.

Die zweite Feststellung Röpkes bezog sich darauf, daß es eine soziale Disharmonie zwischen dem Ganzen und seinen Gliedern gebe, weil die Kraft der bürgerlichen Schichten, die in anderen Ländern ein Gegengewicht gegen Feudalismus und Absolutismus gebildet hatten, gebrochen worden ist. In diesem feudal-absolutistischen Rahmen hätten, so bemerkt Röpke in seiner dritten These, bestimmte geistige Einflüsse gewirkt, die den deutschen Nationalcharakter entscheidend, und er meint: ungünstig, bestimmt hätten. In Deutschland sei es immer mißlungen, eine gesunde föderative Struktur zu entwickeln, wofür Röpke das Fehlen eines Gleichgewichts zwischen der Zentralgewalt und den Gliedern verantwortlich macht.

Auch heute ringen wir um dieses Gleichgewicht zwischen den unbedingt nötigen rechtlichen Zuständigkeiten und auch machtpolitischen Möglichkeiten der Zentrale auf der einen und dem Gewicht der Glieder, vor allen Dingen in der Gestaltung des inneren Lebens, auf der anderen Seite.

In diesem Zusammenhang betont Röpke, das Gleichgewicht sei nicht nur dann gestört, wenn die Zentralgewalt das

Eigenleben der Glieder abwürge, sondern auch dann, wenn die Glieder die Zentralgewalt überwucherten. Deutschland sei, so meint er, beiden Entartungen nacheinander anheimgefallen. Zuerst jahrhundertelang in der Anarchie überwuchernder Glieder und später in Großpreußen, der Karikatur eines im Grunde zentralistisch regierten Bundesstaates, wobei die letzte Entartung zum großen Teil als eine Reaktion auf die erste verstanden werden könne. Die Schwäche der kaiserlichen Zentralgewalt im Heiligen Römischen Reich Deutscher Nation als unheilvoll bezeichnen heißt nicht die feste Überzeugung verleugnen, daß der Föderalismus die Voraussetzung eines gesunden Staatslebens in Deutschland ist, sondern sie bekräftigen. Jeder, der die Anarchie des alten Deutschen Reiches verherrlicht, vielleicht aus außenpolitischen Zweckmäßigkeitsgründen heraus, wie die Diskussion zum Teil in den Jahren 1946 bis 1948 erwiesen hat, leistet in der Tat der Sache des Föderalismus einen schlechten Dienst, weil er eine Karikatur als das Ideal ausgibt.

Deshalb sind Föderalisten weder Separatisten noch Partikularisten, sondern Anhänger der Auffassung, daß ein Gesamtes aus Gliedern bestehen muß und daß es ein gesundes Gleichgewicht zwischen der Zentrale und den Gliedern geben muß. Die politische Arbeit in der Bundesrepublik muß diesen geschichtlichen Erkenntnissen Rechnung tragen, und in der Bundesrepublik ist der Modellfall dafür zu schaffen, daß die Deutschen in der Lage sind, einer föderativen Struktur sinnvoll, dem Fortschritt entsprechend und trotzdem den geschichtlichen Erfahrungen verpflichtet, innerlich zuzustimmen. Dies ist eine großartige politische Aufgabe, und hierin hat Bayern historische Verdienste.

Ich nenne noch einen dritten und letzten Zeugen, den viel

zu früh verstorbenen Professor Ernst Deuerlein, der in seinem grundlegenden Werk »Föderalismus« schreibt:

»Es gibt den zum Firmenschild zusammengeschrumpften Föderalismus, mit dem sich ein Einheitsstaat bezeichnet. Es gibt aber auch den ausgeprägten Föderalismus, der an der Teilung der Staatsgewalt zwischen Gesamtstaat und Gliedstaaten festhält. Wer der strukturellen Bandbreite der Föderalismen keine Beachtung schenkt, gerät in Gefahr, den Begriff als irreführend zu bezeichnen, denn jeder Versuch, den Föderalismus gleichbleibend zu bestimmen, ist zwangsläufig zum Scheitern verurteilt. Föderalismus ist letztlich ein Strukturelement staatlicher und gesellschaftlicher Ordnungen, das dem Individuum und den kleineren Bereichen alle Zuständigkeiten einräumt, deren sie bedürfen, um in Eigenverantwortung die Aufgaben zu lösen, zu deren Bewältigung sie selbst in der Lage sind.«

Auch die Sowjetunion bezeichnet ihre Staatskonstruktion als föderalistisch, ohne daß wir in die Versuchung gerieten, wegen der Dezentralisierung gewisser Entscheidungsprozesse den sowjetischen Staatsaufbau föderalistisch zu nennen.

Die Frage nach der Durchsetzbarkeit der bayerischen Vorstellungen kann aus dem heutigen Stand heraus nicht beantwortet werden. Die Antwort werden diejenigen politischen Kräfte geben, deren Grundströmung trotz aller subjektiv ehrlich gemeinten Bekenntnisse zum Föderalismus in eine andere Richtung geht.

Die Stellungnahme der Bayerischen Staatsregierung zum Schlußbericht der Enquête-Kommission hat deutlich gemacht, daß Verlagerungen von Gesetzgebungszuständigkeiten auf die Länder wünschenswert, zweckmäßig und notwendig sind, um die bundesstaatliche Ordnung zu bewahren und zu festigen. In mehreren Rechtsmaterien hat der Bund in 30 Jahren von seiner Zuständigkeit bisher noch keinen Gebrauch gemacht. Dies betrifft vor allem die Rechtsmaterien, die in den Art. 74 und 75 GG aufgeführt sind.

Wer die bundesstaatliche Ordnung als einen unentbehrlichen Eckstein unseres freiheitlichen Staates bejaht, muß sich auch zu dem Wettbewerbscharakter bekennen, den die föderative Staatsform darstellt. Er muß bewußt in Kauf nehmen, daß es für zahlreiche Sachverhalte zwischen den einzelnen Ländern unterschiedliche Auffassungen gibt und daß verschiedene rechtliche und verfahrensmäßige Regelungen getroffen werden können. Er muß auch in Kauf nehmen, daß erforderliche Abstimmungen untereinander in den hierfür vorgesehenen Kommissionen unter Umständen langwierig und schwerfällig sind. Es gilt hierbei allerdings auch, einer Überwucherung mit Kommissionen vorzubeugen und ihre Zahl in einem vernünftigen Rahmen zu halten. Wer übrigens glaubt, daß zentralistische Regelungen von der Staatsspitze bis zur letzten Gemeinde die schnellste, zweckmäßigste, bürgerfreundlichste und billigste Lösung aller Fragen darstelle, der sollte sich am Beispiel anderer europäischer Länder, die eine solche Ordnung haben, eines besseren belehren lassen.

Was die Gemeinschaftsaufgaben nach Art. 91 a GG angeht, so strebt die Staatsregierung in Übereinstimmung mit den Beschlüssen des Bayerischen Landtags vom 15. Juni 1978 grundsätzlich deren Abschaffung an.

Der umfassende bayerische Bericht über die Erfahrungen mit den Gemeinschaftsaufgaben und die Berichte der anderen Länder waren Gegenstand der Beratungen der Ministerpräsidenten im Dezember 1978 in Düsseldorf. Dort wurde ein sehr umfangreicher Beschluß gefaßt, der die Grundlage bildet für die weiteren Initiativen der Länder. Darin wird festgestellt, daß ein Teil der Länder die grundsätzliche Beseitigung der Gemeinschaftsaufgaben und sonstiger Mischfinanzierungen für notwendig oder zumindest unter bestimmten Voraussetzungen für erstrebenswert hält. Es sind dies außer Bayern: Baden-Württemberg, Hessen, Niedersachsen und Nordrhein-Westfalen.

Die anderen Länder vertreten die Auffassung, die Gemeinschaftsfinanzierungen hätten sich in der bisher noch nicht ausreichend bemessenen Erprobungszeit grundsätzlich bewährt.

Unbeschadet der unterschiedlichen Grundauffassungen haben die Regierungschefs der Länder gemeinsam die Bundesregierung gebeten, sich bei der Aufstellung neuer Programme nach Art. 104 a Abs. 4 GG frühzeitig mit den Ländern ins Benehmen zu setzen. Diese Erörterungen sollen vor einer Veröffentlichung der Programme durch die Bundesregierung stattfinden.

Sonderprogramme sollen auf das aus konjunkturpolitischen Gründen für notwendig gehaltene Maß beschränkt bleiben. Im Interesse einer größeren Flexibilität des Mitteleinsatzes soll sich der Bund darauf beschränken, lediglich den generellen Verwendungszweck festzulegen, und die weiteren Differenzierungen und Präzisierungen den Ländern überlassen sowie von einer starren Mittelverteilung auf einzelne Programme absehen. Das heißt: Wenn sich schon eine Mischfinanzierung nicht vermeiden läßt, dann soll es wenigstens nicht auch noch eine Mischverwaltung geben.

Abschließend forderten die Ministerpräsidenten gemäß einem von mir während der Konferenz gemachten Vorschlag die Chefs der Senats- und Staatskanzleien der Länder auf, einen Bericht vorzulegen, welche der Aufgaben, die derzeit als Gemeinschaftsaufgaben oder in sonstiger Mischfinanzierung von Bund und Ländern wahrgenommen werden, von den Ländern allein erfüllt werden können, und welche Änderungen in der Finanzverfassung und der Finanzverteilung dafür erforderlich sind.

Dieser Beschluß stellt für die weitere Entwicklung bedeutsame Weichen. Er ist noch kein großer Schritt nach vorne. Wer aber einen solchen Schritt in diesem so umstrittenen, von gegensätzlichen Interessen erfüllten Bereich erwartete, müßte sich Unkenntnis der politischen Wirklichkeit vorwerfen lassen.

Inzwischen haben die Regierungschefs der Länder die Problematik auch mit dem Bundeskanzler erörtert. Diese Besprechung hat nicht nur bei mir den Eindruck vermittelt, daß die Bundesregierung nicht bereit ist, sich mit Überzeugung und Eifer dieser Fragestellung anzunehmen. So sah sich z. B. der Bundeskanzler nicht in der Lage, die aus den Erträgen der Heizölsteuer zum Bau von Erdgasleitungen vorgesehenen Beträge den wirtschaftlich unterschiedlich starken Ländern aufgrund einer Verwaltungsvereinbarung global zuzuweisen, sondern er beharrte auf einer 50 zu 50-Mischfinanzierung aller einschlägigen Projekte durch die beteiligten Länder.

Die Bayerische Staatsregierung führte eine Reihe von Einzelgesprächen mit mehreren Bundesländern über die in dieser Interpellation angeschnittenen Themen. Es wird sich um einen langwierigen Prozeß der Durchsetzung handeln, es werden dicke Bretter der Widerstände, der Vorbehalte und der Vorurteile langsam zu durchbohren sein. Diese Entwicklung wird nicht so sehr auf der Ebene harter politischer Entscheidungen oder administrativ-technischer Einzelvorgänge liegen, sondern von staatspolitischen, staatsphilosophischen Auffassungen und den staatsrechtlichen Grundkonzeptionen unseres Gemeinschaftswesens letztlich bestimmt werden.

Auf deutschem Boden muß ein Staatswesen föderativer Konstruktion bestehen bleiben als gerechter Ausgleich von Zuständigkeiten, als vernünftige Verteilung der Macht, als sachgerechte Wahrnehmung der Bürgerinteressen. Dieses Staatswesen kann für die Zukunft eines wiedervereinigten Deutschlands, für die Zukunft der Europäischen Gemeinschaft, ja sogar für interkontinentale Zusammenarbeit ein Beispiel geben.

Toleranz – Nicht nur dulden, sondern anerkennen

Der Begriff der Brüderlichkeit hat in seiner langen Geschichte manche Wandlungen erfahren. Er ist von der Bezeichnung institutionalisierter Formen religiöser und wirtschaftlicher Gemeinsamkeit über die Verwendung als Kampfparole zu einem Begriff individueller ethischer Haltung in religiösen, politischen und sozialen Bezügen geworden.

Die Eröffnung der Woche der Brüderlichkeit 1979 bietet mir die Gelegenheit, der Gesellschaft für christlich-jüdische Zusammenarbeit für ihre bisherige Arbeit zu danken und sie aufzufordern, auch weiterhin – vielleicht sogar noch verstärkt – zu wirken,

- für das Verständnis zwischen Christen und Juden in unserem Lande,
- für den Abbau von Vorurteilen und Intoleranz,
- für die Überwindung jeder Art ideologischer Besessenheit und ihrer lebensfeindlichen und menschenverachtenden Folgen, die da heißen: Wirklichkeitsverlust, Wertblindheit, selektive Moral oder heuchlerische moralische Rigorosität,
- für ein unverstelltes, vorurteilsloses Geschichtsbild gerade der jüngsten Vergangenheit.

Die Frage nach dem Geschichtsverständnis habe ich immer als eine Kernfrage unseres Gemeinschaftslebens angesehen. Deshalb spreche ich auch stets von der Notwendigkeit, in geschichtlichen Maßstäben und Zusammenhängen zu denken. Kein Mensch und kein Volk kann seiner Vergangenheit entkommen. Wer aus der Geschichte emigrieren will, wird von ihr eingeholt. Man kann deshalb die eigene Geschichte auch nicht einfach »bewältigen«, wie man etwa eine schwierige Mathematikaufgabe bewältigt.

Die Geschichte ist keine Summe von Rechenexempeln oder moralischen Lehrstücken. Sie zeigt immer im Guten wie im Bösen – bis hin zum satanisch Zerstörerischen – die Möglichkeiten, die der Mensch in all seiner Verführbarkeit und Angefochtenheit besitzt.

Wir können nur – und Moral, intellektuelle Ehrlichkeit, menschliche und nationale Selbstachtung fordern dies von uns – offen, schonungslos und mit der gebotenen wissenschaftlichen Genauigkeit uns darum bemühen, auch die dunklen, verhängnisvollen Zeiten unserer Geschichte unverkürzt und unverstellt zu erhellen.

Kein Jota deutscher Schuld und deutschen Versagens kann oder darf wegdiskutiert oder beschönigt weden. Aber es wäre verhängnisvoll, wenn sich deutsches Geschichtsverständnis und -bewußtsein vorrangig oder gar ausschließlich auf die Auseinandersetzung mit dem sogenannten Dritten Reich und dem Nationalsozialismus begründen würden. Es wäre menschlich unzumutbar, moralisch unerträglich und politisch für das deutsche Volk wie für alle europäischen Völker verhängnisvoll, wenn sich deutsches Geschichtsverständnis und Geschichtsbewußtsein derart verengt hätten.

Die Deutschen würden nämlich nicht nur unfähig, in geschichtlichen Zusammenhängen zu denken, sie wären auch auf Generationen hinaus moralisch und politisch erpreßbar. Und: Die Illusion, das weltgeschichtlich Böse sei gewissermaßen im Nationalsozialismus und Faschismus ein für allemal dingfest gemacht worden, macht unfähig zur echten Auseinandersetzung mit den gegenwärtigen freiheitsbedrohenden und menschenverachtenden totalitären Ideologien, und deren gefährlichste ist in unseren Tagen ohne Zweifel der totalitäre Marxismus. In diesem Zusammenhang erinnere ich an den großen Vertreter der freiheitlichen politischen Theorie, Professor Friedrich A. Hayek, der in seinem Buch »Der Weg zur Knechtschaft« eindrucksvoll und überzeugend darstellt, daß die totalitären Ideologien des 20. Jahrhunderts, heißen sie nun Nationalsozialismus, Faschismus, Kommunismus oder Marxismus, dem gleichen geistigen Sumpfgrund des Kollektivismus entstammen.

Deshalb ist auch ein marxistisch begründeter »Antifaschismus« im Grunde moralisch unglaubwürdig und intellektuell unredlich. Indem er moralisch eindeutig und ideologisch fixiert die Vergangenheit verzerrt und die Gegenwart vernebelt, bildet er ein wichtiges Element in der kommunistischen Immunisierungsstrategie. Denn der Kampf um die Freiheit ist nicht nur eine militärische Frage. Zunächst spielt er sich in den Köpfen ab. Begriffsverschiebungen und Sprachverwirrungen haben dem geistigen Angriff auf unsere freiheitliche Ordnung bereits gefährlich den Boden bereitet. Ideologische Verwirrung, dialektische Umwertung von Werten und Worten haben Begriffe wie Aufklärung, Freiheit, vernunftgemäße und menschenwürdige Ordnung schon mehrdeutig werden lassen.

Der Kampf um die Freiheit beginnt also mit dem Ringen um die Begriffe und um die Wortinhalte gegen deren ideologische Umdeutung und kulturrevolutionäre Umwertung.

Deshalb können wir auch nur dann guten Gewissens im Jahre 1979 des 250. Geburtstags der beiden großen Vertreter der deutschen Aufklärung – Gotthold Ephraim Lessings und Moses Mendelssohns – gedenken, wenn wir auch im politischen Alltag für das eintreten und zu verwirklichen suchen, was uns ein unentbehrliches freiheitliches und humanes Erbe der Aufklärung bleiben muß:

- Vernunft, Toleranz, Verantwortungsbewußtsein als tragende Grundlagen einer freiheitlichen und menschenwürdigen Ordnung,
- die Eindeutigkeit und Klarheit der Begriffe, Worte und Wertorientierungen als Voraussetzung jedes gesitteten menschlichen Zusammenlebens, gerade auch in einer pluralistischen Gesellschaft.

Toleranz ist mehr als nur gönnerhaftes Dulden, gleichgültiges Gewährenlassen oder gar feiges und entschlußloses Zurückweichen, weil man den eigenen Standpunkt schon längst aufgegeben oder niemals ehrlich eingenommen hat. Terroristischer Gewalt, freiheitsbedrohenden totalitären Ideologien und politischen Bewegungen gegenüber kann es allerdings keine Toleranz geben. Deshalb haben Verfassungsfeinde im öffentlichen Dienst unserer freiheitlichen Demokratie keinen Platz. Deshalb haben volksverhetzende Lerninhalte, seien sie nun rassistisch oder klassenkämpferisch, in unseren Lehrplänen und Schulbüchern nichts zu suchen.

250 Jahre nach Lessings und Mendelssohns Geburt, im letzten Viertel des 20. Jahrhunderts, leben wir in einer Epoche, die von den Hoffnungen und Idealen der Aufklärung weiter denn je entfernt scheint. Die Machtansprüche von Ideologien und Supermächten, das extreme Wohlstandsgefälle zwischen entwickelten Industriestaaten, Rohstoffländern und unterentwickelten Habenichtsen und nicht zuletzt das Vernichtungspotential der modernen Waffensy-

steme – all dies scheint die Hoffnung nicht zu stärken, daß eine auf Vernunft und Gerechtigkeit gegründete Ordnung zwischen den Völkern und Staaten möglich sei. Wir erleben es ja, wie schwer es bereits ist, die noch einigermaßen überschaubare und begrenzbare israelisch-arabische Frage auf der Grundlage der Anerkennung des Lebensrechts und der berechtigten Interessen aller Betroffenen dauerhaft zu lösen. Denn zu sehr sind in diese Frage bereits die machtpolitischen Interessen und die strategischen Überlegungen der Großmächte im Nahen und Mittleren Osten verwickelt. In diesem konfliktgeschüttelten Raum bieten sich für die Sowjetunion geradezu ideale Möglichkeiten zu Einfluß- und Machtvergrößerung an, die ihr in Europa zur Zeit noch versagt sind.

Eine vernünftige, gerechte, dauerhafte Lösung der israelisch-arabischen Frage, die ein friedliches Miteinanderleben Israels und seiner arabischen Nachbarn begründet, geht Europa heute mehr denn je an.

Die alljährliche Woche der Brüderlichkeit erinnert uns immer wieder an das, was Christen und Juden in Deutschland im Laufe einer über tausendjährigen Geschichte miteinander verbunden – und auch getrennt hat.

Im gemeinsamen Werk des kritisch gestimmten Christen Lessing und des bei aller geistigen Offenheit doch immer gesetzestreuen Juden Mendelssohn, in der lebenslangen Freundschaft dieser beiden zufällig im gleichen Jahr geborenen Männer hat sich eine Möglichkeit deutsch-jüdischen Zusammenlebens eröffnet, die für uns heute, nach all dem, was geschehen ist, den Charakter des Beispielhaften, des Vorbildhaften, des Verpflichtenden trägt. Für Lessing wie für Mendelssohn war ein vernünftiges Dasein per Definition ein freies Dasein, nicht als abstrakte Möglichkeit, als ferne

Utopie, sondern als täglich zu bewältigende und verteidigende Wirklichkeit!

Dieses freie Dasein hat aufbauenden und überbrückenden Wert. Ihm steht leider auch ein zerstörerisches Erbe zur Seite, wenn Aufklärung zu einem Spiel ohne Grenzen ausartet und damit in Widerspruch zur ethischen Bindung gerät. Das freiheitliche Erbe der Aufklärung jedoch ist unverrückbar eingefügt in die große Überlieferung der europäischen Freiheitsidee. Ihm wissen wir uns im freien Teil Deutschlands und Europas verpflichtet. In diesem Geiste leisten wir unseren täglichen Dienst, gleichgültig wo.

Mut zur Freiheit – Chance für Europa

Im freien, geeinten Europa sollen
- eine an den Maßstäben der Vernunft und der Erfahrung ausgerichtete Politik,
- das Ordnungssystem der Sozialen Marktwirtschaft,
- Leistungswissen, Fleiß und Können der Bürger folgende Lebenswerte sichern:

1. Persönliche Freiheit,
2. kulturelle Blüte und Mannigfaltigkeit,
3. zivilisatorische Kraft und Ausstrahlung,
4. wirtschaftliches Wachstum auf dem Mittelweg zwischen den ökonomischen und ökologischen Erfordernissen,
5. ein menschenwürdiges, kulturbewußtes, sozial gesichertes Dasein aller Bewohner.

Wir wollen ein Europa,
- dessen freiheitliche Ordnung gegen Feinde von innen durch das demokratische Engagement seiner Bürger und die Wachsamkeit der Behörden überzeugend geschützt, dessen äußere Sicherheit durch die militärische Leistungsbereitschaft seiner Mitglieder im Bündnis mit den USA glaubwürdig gewährleistet ist,
- das ebenso Entspannung anzubieten vermag, wie es andererseits davor bewahrt bleibt, sich einem ständig wachsenden sowjetischen Druckpotential unterwerfen zu müssen,
- das in der Welt jenen Rang einnimmt, den es auf Grund

seiner Geschichte und Kultur, seiner wirtschaftlichen Leistungskraft und seiner freiheitlichen Vielfalt beanspruchen darf,

- das der Toleranz, der Menschenwürde, der persönlichen Freiheit und Verantwortung, nicht aber der kollektivistischen Vermassung, sozialistischen Einebnung, technokratischen Verplanung oder der bürokratischen Bevormundung verpflichtet ist,
- das seiner freiheitssichernden und friedensstiftenden Aufgabe gerecht werden kann.

Doch von welchem Europa reden wir? Wer über Europa spricht, muß wenigstens den Versuch einer Definition wagen. Das Europa unserer Schulbücher mit der klassischen Ostgrenze am Ural gibt es nicht mehr. Zwar gehört die UdSSR mit ihrem kleineren, politisch und wirtschaftlich jedoch weitaus bedeutenderen Teil zu Europa, aber das europäische und das ungeheuer große asiatische Gebiet der Sowjetunion sind zusammengewachsen. Im Westen hat sich das Europa der Neun durchgesetzt. Weitere Länder suchen den Beitritt zur Europäischen Gemeinschaft: Griechenland, Spanien, Portugal. Auf der anderen Seite der unseligen Demarkationslinie besteht das Mittel-Osteuropa des Comecon, des Rats für gegenseitige Wirtschaftshilfe, dem alle kommunistisch beherrschten Länder mit Ausnahme Jugoslawiens und Albaniens angehören. Hinzu kommen die verschiedenen neutralen Länder: die Schweiz, Österreich, Schweden und Finnland. Norwegen gehört zwar zur NATO, ist aber der Europäischen Gemeinschaft durch Volksentscheid fern geblieben.

Auf europäischem Boden bestehen zu beiden Seiten der durch Gewalt geschaffenen und durch Diktatur aufrechterhaltenen Demarkationslinie zwei verschiedene Gesellschaftssysteme, die man schlechterdings mit Freiheit im westlichen und mit Unfreiheit im östlichen Lager Europas gleichsetzen darf. Das Bündnis der atlantischen Gemeinschaft im Westen und das Zwangsbündnis des Warschauer Paktes stehen sich auf europäischem Boden mit Riesenarmeen und Tausenden von nuklearen Sprengkörpern gegenüber: Ist Europa dazu bestimmt, als Verschiebebahnhof der machtpolitischen Interessen der beiden Großmächte zu dienen, als militärischer Brückenkopf im Westen, als Anhängsel des eurasiatischen Sowjetkolosses im Osten?

Indessen darf uns dieser seit nunmehr dreißig Jahren so drohend sichtbar gewordene Gegensatz zwischen Freiheit und Kollektiv nicht darüber hinwegtäuschen, daß es durch die Jahrtausende hindurch eine kulturelle Einheit Europas im Gegensatz zu reicher Vielfalt gegeben hat – und auch heute noch gibt. Latein war lange Jahrhunderte hindurch die gemeineuropäische Sprache der Kirche und Diplomatie. Im 17. Jahrhundert setzte sich das Französische als europäische Kultursprache durch. Erst nach dem Untergang Napoleons begann die große Zeit der Nationalsprachen. Die Stilformen der Architektur, der bildenden Künste, der Malerei zumal, der Literatur, der Musik weisen eine ebenso verwirrende Vielfalt wie beglückende Gemeinsamkeit auf. Großartig sind die Zeugnisse europäischer Künstler und Literaten und als solche nicht nur nationales Kultur-, sondern europäisches Gemeingut.

Europa ist herausgewachsen aus der griechischen Kultur, der hellenistisch-römischen Zivilisation und der christlichen Religiosität. Es ist lebendig geworden und geblieben in den großen schöpferischen Leistungen der Romanen, Germanen und Slawen. Dies aber bedeutet, daß auch das Deutschland jenseits der Elbe, Polen, die Tschechoslowakei, daß

Ungarn, Rumänien, Bulgarien genauso zu Europa gehören wie Frankreich, Italien, die Bundesrepublik Deutschland und die anderen Länder westlich des Eisernen Vorhanges. Über dem Gegeneinander der gesellschaftlichen Systeme ist das Zueinander der kulturellen Verbindungen nicht zu übersehen.

Aber die Geschichte Europas ist auch eine Geschichte der Kriege, bis hin zu den beiden großen europäischen Bürgerkriegen, die zwischen 1914 und 1945, in 30 Jahren also, Europa von der stolzen Höhe seiner politisch-wirtschaftlich-militärisch-kulturellen Machtstellung in die Ohnmacht gestürzt haben. Auf den Schlachtfeldern und im Bombenhagel der beiden großen Kriege versank das alte Europa. Sein Ende schien gekommen, als sich im April 1945 die Soldaten der beiden Großmächte USA und UdSSR – nicht europäisch die eine, weniger als halbeuropäisch die andere – bei Torgau an der Elbe die Hand reichten.

Es ist heute nicht nur mehr von theoretischem Interesse zu fragen, ob der Weg des Unheils, des Verhängnisses gegangen werden mußte, oder ob die europäische Katastrophe zwischen den beiden Kriegen hätte aufgehalten werden können. Der historische Irrealis: Was wäre geschehen, wenn? – ist nicht zu einem schlüssigen Ende zu denken. Aber es wäre undankbar und ungeschichtlich, an der großartigen Idee einer Paneuropa-Union des Grafen Coudenhove-Kalergi achtlos vorbeizugehen, an jenem großartigen Versuch, Europa nach dem Ersten Weltkrieg über alle Wogen des nationalen Hasses und der Entzweiung hinweg zu einen. Es wäre auch undankbar, nicht jener beiden großen europäischen Staatsmänner zu gedenken, die auf dem Fundament der allmählich wachsenden deutsch-französischen Verständigung 1929/30 den Bund der europäischen Völker errichten wollten: Aristide Briand und Gustav Stresemann. Sicher dachten sie noch nicht an einen europäischen Bundesstaat, vielleicht auch noch nicht an einen gemeinsamen Markt, wohl aber an einen europäischen Staatenbund, ähnlich dem deutschen Bund des 19. Jahrhunderts. Sie glaubten und hofften fest, daß nur ein Bund europäischer Völker einen weiteren großen Krieg verhindern könne.

Es ist anders gekommen: Blinder Nationalismus, Ideologisierung der Politik, opportunistische »Realpolitik«, Politik des »appeasement«, politische Naivität, Primat der Innen- vor der Außenpolitik und viele andere Kräfte mehr haben unheilvoll zusammengewirkt, damit das Werk der Selbstzerstörung Europas fortgesetzt und vollendet werde. Europa mußte die via dolorosa seiner Geschichte bis zum bitteren Ende gehen.

Späte Einsicht amerikanischer und frühe Besinnung europäischer Politiker halfen den Sturz in das Nichts abfangen. Christliche Demokraten und konservative Politiker traten unmittelbar nach der größten Katastrophe der deutschen und europäischen Geschichte in Wort und Tat für die Idee eines geeinten Europa ein: Alcide de Gasperi, Robert Schuman, Konrad Adenauer und Winston Churchill. Sie fanden in der Stunde Null den bemerkenswerten Mut, über Schmerz, Haß, Leidenschaft und Trümmer hinweg aufeinander zuzugehen und das zu tun, was geschichtlich geboten, was im wahrsten Sinne des Wortes »not-wendig« war. Wie zwei mahnende Erzengel standen am Eingang zur europäischen Zusammenarbeit zwei Sätze: Die Mahnung zum Frieden: Nie wieder Krieg! Und die Mahnung zur Freiheit: Nie wieder Knechtschaft!

In der mit so viel Blut geschriebenen europäischen Geschichte spielten Macht, Freiheit und Gleichheit ihre besonderen, oft antagonistischen Rollen. Aber niemals ist es zu dauerhaften Hegemonie einer europäischen Macht gekommen. Die spanischen Habsburger, die französichen Bourbonen, Napoleon und schließlich Hitler: Sie alle sind unter ungleichen Umständen an den eigenwilligen Kräften der europäischen Mannigfaltigkeit und ihren machtpolitischen, aber auch freiheitlichen Widerständen gescheitert. Selbst die Politik der »balance of power«, die Großbritannien jahrhundertelang so großartig beherrschte, hat ihren Sinn verloren, denn das europäische Gleichgewicht ist am langen Hebel Eurasiens nicht mehr herstellbar.

Heute tritt Europa wirtschaftlich als ein Riese auf, politisch als »Halbstarker«, militärisch als ein Armeemuseum, kulturell als ein Liebhaberkabinett. In der multipolaren Welt spricht Europa nicht mit einer Stimme, und wenn internationale Krisenprobleme zu lösen sind, fehlt allzuoft das Gewicht Europas. Kaum spürbar ist das partnerschaftliche Ausgleichsgewicht Europas zu den Unausgewogenheiten der Vereinigten Staaten von Amerika, kaum spürbar auch Europas Beitrag zu einem partnerschaftlichen Krisenmanagement. Je mehr Staaten der Europäischen Gemeinschaft beitreten, um so schwieriger wird es, das Gewicht Europas im Sinne einer abgestimmten Außen- und einer gemeinschaftlichen Sicherheitspolitik in die weltpolitische Auseinandersetzung einzubringen. Nur optimistische Träumer erwarten, daß sich die Europäische Gemeinschaft in absehbarer Zeit zu einem europäischen Bundesstaat entwickeln wird, mit zentralen Entscheidungsinstanzen für Außen-, Verteidigungs- und Konjunkturpolitik. Wir müssen uns dies eingestehen, ohne das Fernziel aus den Augen zu verlieren und ohne aufzuhören, dafür mit aller Kraft zu arbeiten.

Großbritannien, Frankreich und einige Länder, die sich um den Beitritt in die EG bewerben, denken gar nicht daran, ihre nationale Identität auf außen-, verteidigungs- und konjunkturpolitischem Gebiet aufzugeben. Auch heute noch gibt es die typisch britische Interessenlinie von Gibraltar bis Singapur, zwar nicht mehr als eine durchgehende Kette des Engagements, wohl aber als eine virtuelle Linie. Frankreich denkt noch immer in den Kategorien seiner großen nationalen Vergangenheit, aber auch in den Kategorien einer großen nationalen Zukunft, und dies auch im Hinblick auf seine afrikanischen Bindungen.

Mit dem Phänomen China und den dramatischen Vorgängen im Mittleren und Nahen Osten gemeinsam fertig zu werden, gelingt Europa noch nicht. Die Mitgliedstaaten der EG sind vielmehr immer wieder versucht, die hieraus entstehenden Probleme bilateral zu lösen.

Deshalb, und auch aus anderen Gründen, wird das Europäische Parlament der Jahre 1979 bis 1984 keine wesentlich anderen Zuständigkeiten haben als das im allgemeinen wenig beachtete bisherige Europäische Parlament, dessen Mitglieder von den jeweiligen Nationalparlamenten entsandt wurden. Dennoch wird mit der Europawahl 1979 ein neues Kapitel europäischer Geschichte begonnen. Denn das neue Europäische Parlament wird danach trachten, über ein »Soll«-Parlament hinauszuwachsen, die geistvolle Ohnmacht einer europäischen Paulskirchen-Versammlung zu überwinden. Das Europäische Parlament wird den gemeinsamen Nenner der europäischen Vielfalt suchen und sich darum bemühen, die psychologisch-politische Atmosphäre für den europäischen Staatenbund in zunehmender

Gemeinsamkeit zu schaffen. An die Stelle des fruchtlosen Ideologiestreits der Fanatiker wird im Europäischen Parlament das Bemühen treten, den geistig-wissenschaftlich-technischen Beitrag Europas für die Welt bestmöglich zu leisten.

Die CSU als die große, freiheitliche Volkspartei, verwurzelt in allen Regionen Bayerns, getragen von allen sozialen Schichten und Generationen, mit Echo in ganz Deutschland und in beiden Teilen Europas, muß und will hierzu ihren Beitrag leisten und die Tapferkeit zur aktiven Friedenspolitik mit dem Mut zur Freiheit verbinden. Denn Frieden ohne Freiheit wäre Kirchhofsruhe, Freiheit ohne Frieden jedoch angstvoller Wartezustand. Diesen Mut haben wir stets gehabt, wir haben uns niemals gescheut klar zu sagen, worum es in den letzten Jahrzehnten unseres Jahrhunderts und Jahrtausends geht: Nämlich um die grundlegende Auseinandersetzung zwischen freiheitlicher Ordnung und Kollektivismus. Die CSU steht in der großen christlich-demokratischen und christlich-sozialen Tradition Europas, also in jener geistigen und politischen Bewegung unseres Kontinents, die seit Beginn des modernen Parteienwesens in Europa Politik aus der Verantwortung des Christenmenschen geführt hat, und dies heißt nicht aus ängstlicher Kirchenabhängigkeit, aus einengendem Konfessionalismus, sondern aus dem Wissen heraus, daß zur Freiheit eines Christenmenschen untrennbar seine Gewissensbindung gehört. Zu dieser Bindung bekennen wir uns, und deshalb haben wir den Mut zur Freiheit.

Wir sind konservativ, ohne in reaktionäre Fortschrittsfeindlichkeit zu verfallen. Weil wir wisssen, woher wir kommen, wissen wir auch, wohin wir gehen! Und diese Sicherheit wollen wir all jenen geben, die heute noch ängstlich in die Zukunft blicken. Wir sind liberal, wir bejahen die Errungenschaften der europäischen Freiheitsbewegungen, ohne in Bindungslosigkeit zu verfallen. Mit dem verstaubten, doktrinären Antiklerikalismus des 19. Jahrhunderts, der immer noch umhergeistert und zwischen den Konfessionen Unfrieden stiften will, hat unser Begriff von Liberalität nichts zu tun, auch nichts mit jenem wertordnungsfreien Liberalismus, der als Hilfsmotor sozialistischer Gesellschaftsveränderung mißbraucht werden kann. Deshalb können wir sozial handeln, ohne einem lebensfremden Gerechtigkeits-Scheinmoralismus zu verfallen, ohne Ideologiebesessenheit und ohne den Wahn totaler Gleichheit und Gleichmacherei. Deshalb können wir auf der Grundlage eines geläuterten Nationalgefühls in der Treue zu unserem Volk und seiner Geschichte handeln. Deshalb können wir eine wirklichkeitsbezogene Europa-Politik betreiben, frei von schwärmerischem Überschwang, ohne liebedienerische Demut, ohne masochistische Vergangenheitsbewältigung, ohne flagellantistische Würdelosigkeit, wohl aber fähig zur Anerkennung der psychologischen und sozialen Realitäten bei unseren europäischen Partnern auf der Grundlage der Gleichheit und Gegenseitigkeit.

Heute geht es nicht mehr so sehr darum, zwischen Völkern und Staaten Mißtrauen abzubauen, als vielmehr um folgende Ziele:

1. Europa in seinem Selbstbehauptungswillen zu stärken,
2. Europas Versorgung mit lebenswichtigen Rohstoffen und bezahlbarer Energie zu sichern,
3. Europa zum führenden Kontinent der wissenschaftlich-technischen Entwicklung und damit zum unersetzlichen Techniklieferanten, zur technologischen Denkschmiede zu machen,

4. Europa seinen Platz in der Weltpolitik zwischen den bestehenden und entstehenden Machtblöcken zu sichern und so ihm die Chance zu geben, sein materielles und geistiges Erbe zu bewahren.

Europa wird stark und innerhalb der gebotenen Grenzen unabhängig sein, wenn es seine Einheit in der Freiheit findet. CDU und CSU, die christlichen Demokraten, die Christlich-Sozialen und die Konservativen in Europa leiteten eine Politik der gemeinsamen Verantwortung für das Schicksal unseres Kontinents ein, zunächst gegen den erbitterten Widerstand der deutschen Sozialdemokraten, deren Haltung sich zwischen nationalistischem Trotz und gesamtdeutschen Neutralitätsphantasien bis hin zum Deutschlandplan mit dem Konföderationsangebot an den kommunistischen Teil Deutschlands bewegte.

1960 schrieb der sozialdemokratische Pressedienst anläßlich des 84. Geburtstags von Konrad Adenauer: »Adenauer gehörte zu den Architekten einer Politik, für die es keine Zukunft gibt.« Heute will sich die SPD als die Erbin Adenauerscher Politik in das Bewußtsein der Bundesbürger einschleichen. Aber gegen den Widerstand der SPD vollzogen CDU und CSU unter Adenauer den Durchbruch nach Europa: Über das Petersberger Abkommen zur Montan-Union und zur Europäischen Wirtschafts- und Atomgemeinschaft und schließlich zur EG.

Heute nun will sich die SPD zum Herold der Europa-Bewegung machen. Aber welches Europa steuert sie an? Ein sozialistisches, dessen Zukunft mehr an der Seite der Sowjetunion wäre als an der der USA. Aus purem Opportunismus, unter dem Druck der politischen Wirklichkeit hat sich die SPD zur Marktwirtschaft und zur NATO bekannt. Aber ihr Bekenntnis ergab sich nicht aus eigener Überlegung und freier Entscheidung, sondern aus Nützlichkeitserwägungen und dem Zwang zur Anpassung. Heute versucht sie, über Europa die gleichen politischen Ziele zu erreichen, die sie in der Bundesrepublik Deutschland wegen des Widerstands der CDU/CSU nicht erreichen kann. In sozialistischer Kampfgemeinschaft mit ihren europäischen Bruderparteien entdeckte die SPD Europa und die Europapolitik als ein Werkzeug zur Einführung des Sozialismus über den Nebeneingang.

Heute steht Europa vor vier großen Herausforderungen:

- Die macht- und sicherheitspolitische Bedrohung,
- die weltwirtschaftlichen Verzerrungen,
- die innereuropäischen Fehlentwicklungen,
- die ideologischen Verformungen.

Die europäischen Völker treten in den entscheidendsten Abschnitt ihrer Nachkriegsgeschichte ein. Jetzt stehen sie vor der Entscheidung für ein freies oder für ein Volksfront-Europa. Denn die Grundentscheidung in der geistesgeschichtlichen Auseinandersetzung des letzten Viertels des 20. Jahrhunderts heißt: Freiheit oder Kollektiv. Globale Konflikte und regionale Krisen fordern von den Völkern des freien Europa endlich eine gemeinsame Außenpolitik. Nach dreißig Jahren ist es Europa noch immer nicht gelungen, zu einer Form des politischen Zusammenschlusses zu kommen, der diesen Kontinent zu einem gewichtigen Faktor im Spiel der Weltpolitik macht. Nur wenn nationalstaatliche Enge und nationalistische Denk- und Verhaltensweisen überwunden werden, hat Europa die Chance, in Freiheit zu überleben, das Selbstbestimmungsrecht über sein geschichtliches Schicksal zu behalten und ein angemessenes Mitbestimmungsrecht in der Weltpolitik wieder zu erlangen. Es ist den Europäern nicht erlaubt, gleich gut genährten Logenbesuchern gelangweilt auf die Manege der Weltpolitik zu blicken.

Mit der Aufnahme diplomatischer Beziehungen zwischen Washington und Peking gehört die bipolare Welt von Jalta der Vergangenheit an. China kann aus den weltpolitischen Kräftekonstellationen der Zukunft nicht mehr weggedacht werden, besonders seit dem Friedens- und Freundschaftsvertrag mit Japan. Deshalb darf auch die deutsche Ostpolitik nicht an der Moskwa enden – allerdings nicht im Sinne eines Militärbündnisses oder einer gemeinsamen Front mit China gegen die Sowjetunion. Wir sind verpflichtet, die in der Welt bestehenden und sich entwickelnden Machtfaktoren richtig zu beurteilen. Dies gilt nicht nur für den militärischen Bereich. Fast eine Milliarde Chinesen, fleißige, genügsame und intelligente Menschen mit einer jahrtausendealten Kultur, werden als Erzeuger und Verbraucher das Bild dieser Welt in heute noch nicht vorstellbarer Weise verändern. Schon heute geben uns ja die technisch-industriellen Leistungen ostasiatischer Völker einen Vorgeschmack davon, welche wirtschaftliche Herausforderung auf uns zukommt.

Die Briefe Breschnews an die Regierungschefs der westlichen Welt, Rüstungspotential und -wirtschaft Westeuropas und der USA und auch das Wissen hierum nicht der Volksrepublik China zur Verfügung zu stellen, zeigen die Verwirrung, die durch die Öffnung Chinas in der Sowjetunion gestiftet wurde. Die traditionelle Einkreisungsfurcht der Sowjets und ihre Sorge um die menschenarmen, aber rohstoffreichen asiatischen Teile der UdSSR können nicht ohne Auswirkung auf die sowjetische Westpolitik bleiben. Gelänge es ihr, Westeuropa in ihren Einflußbereich einzubeziehen und dessen Industriepotential für sich nutzbar zu machen, dann wäre sie allerdings in der Lage, ihre Kräfte darauf zu konzentrieren, ihre asiatischen Grenzen zu sichern.

Dieses Ziel, sich Westeuropa dienstbar zu machen, verfolgt die Sowjetunion auf verschiedenen Ebenen: Durch kommunistische Unterwanderung und Volksfrontbewegungen im Westen, durch Unterdrückung der Menschenrechtsbewegung und der Dissidenten im eigenen Lager, durch eine Expansionsstrategie entlang dem Krisengürtel Afghanistan, Mittlerer Osten, Indischer Ozean, Afrika, Ostasien, Vietnam. Vielleicht wird sich Erfolg oder Zusammenbruch dieser sowjetischen Expansion schon in den nächsten Jahren in Rhodesien (Simbabwe) und Südwestafrika (Namibia) entscheiden.

Die Gefahr eines militärischen Abenteuers in Mitteleuropa ist vergleichsweise gering. Die Bedrohung Europas geht vielmehr aus von den Wetterecken des Mittelmeeres und der Politik des Ostblocks in Südafrika: Hier heizen die Sowjetunion und die DDR durch den Export von Ideologien und Waffen die Konfliktpotentiale auf, gleichzeitig werden ständig kubanische Stellvertreterkriege geführt.

Dieser sowjetischen Strategie gilt es entgegenzutreten, ihre Gesetze zu verstehen, ohne sich ihnen zu unterwerfen, die hektische Politik des stop-and-go durch eine langfristige Strategie zu ersetzen. Es ist vielleicht die entscheidendste Schwäche des Westens, daß er sich bisher außerstande gezeigt hat, langfristige Strategien in der Abwehr des sowjetischen Druckpotentials zu entwickeln. Vor allem sollte uns bewußt bleiben: Wirkliche Entspannung kann nur weltweit sein und nicht durch Vorleistung und den Verzicht auf militärisches Gleichgewicht erreicht werden. Und die Einheit der deutschen Nation ist für uns kein Verhandlungsgegenstand, sondern eine Selbstverständlichkeit. Andererseits müssen wir Deutsche bereit sein – und wir sind dazu bereit – der Sowjetunion die Garantie zu geben, daß von deutschem Boden aus niemals wieder ein Krieg gegen die Sowjetunion oder überhaupt gegen einen europäischen oder anderen Nachbarn begonnen wird. Entspannungspolitik und Zusammenarbeit mit der Sowjetunion werden von der CDU/CSU aber nicht erkauft werden

- mit dem Schweigen zu den Menschenrechtsverletzungen in der DDR und an der deutsch-deutschen Grenze,
- mit dem Schweigen zur offensiven Aufrüstung der Sowjetunion und der Behauptung, diese diene ausschließlich defensiven Zwecken,
- mit dem Schweigen zur kommunistischen Infiltration, Subversion und Agitation in vielen Teilen der Welt und in der Bundesrepublik Deutschland.

Ich warne vor einem Denken, das im Westen vor über einem Jahrzehnt da oder dort sich in Ansätzen gezeigt hat: Daß man nämlich zwischen Potential und Intention unterscheiden müsse. Zwar sei das militärische Potential des Ostblocks so groß, daß es für eine Aggression, nicht nur für die Verteidigung, ausreiche, aber die Intention sei friedlich, und darum sei das Potential nicht gefährlich. Wenn dem so wäre, dann bliebe doch zu fragen, warum die kommunistisch regierten Staaten mit ihrer schwachen, durch viele Reibungsverluste behinderten Wirtschaft einen so ungewöhnlich großen, für die Versorgung der Zivilbevölkerung und den menschlichen Fortschritt schädlichen Prozentsatz ihres Sozialprodukts für eine militärische Aufrüstung verwenden, deren Offensivkomponenten, deren weltweite Verwendbarkeit und deren interkontinentale Langstreckenkapazitäten von Jahr zu Jahr sichtbar wachsen. Nie habe ich behauptet, die Sowjetunion wolle den dritten Weltkrieg. Aber sie hält sich sämtliche militärische Optionen offen, vom Aufbau einer Druckkulisse bis zu allen Anwendungsmöglichkeiten in kleinsten regionalen Krisen sowohl wie in einer weltweiten Auseinandersetzung. Nicht zuletzt deshalb ist die Bundeswehr entstanden. Wenn heute die Bundesrepublik Deutschland in einer relativ hohen militärischen Sicherheit lebt, wenn sie wirtschaftlich nach den Vereinigten Staaten der leistungsfähigste Staat der demokratischen Welt geworden ist, dann verdanken es ihre Bürger den großen wirtschafts-, sozial- und militärpolitischen Entschlüssen, die in den ersten Jahren dieser Bundesrepublik von der CDU und CSU getroffen wurden.

Sicherheitspolitische und weltwirtschaftliche Entwicklungen und Probleme sind nicht voneinander zu trennen: Das hat die Revolution im Iran bewiesen. Dort ist der amerikanische Sicherheitspfeiler des Mittleren Ostens eingestürzt und wird nie mehr errichtet werden. Nach einer Blutorgie wurde die »Islamische Volksrepublik« durch eine sogenannte »Volksabstimmung« bestätigt, und das Land ist nun in das Lager der Neutralen übergetreten und dem Westen gegenüber eher feindlich gesonnen. Die Frage, ob der islamischen nicht die proletarische Revolution folgen wird, die zur Einverleibung des Iran in den sowjetischen Machtbereich führen könnte, muß offen bleiben.

Der Islam hat eine neue Schubkraft entwickelt, die sich für den freien Westen im allgemeinen nicht günstig auswirkt. Schon zeigen sich erste Erschütterungen des politisch-gesellschaftlichen Gefüges auf der arabischen Halbinsel, in der Türkei, ja sogar in Marokko und im islamischen Teil des afrikanischen Kontinents.

Gleichzeitig wird das Öl als wirtschaftliche und politische

Waffe verwendet. Sein Preis steigt schneller als die durchschnittliche Inflationsrate in den westeuropäischen Industrieländern. Unterschiedliche, stets aber überdurchschnittliche Preiserhöhungen und zuweilen auch Verknappungen auf dem Ölsektor treffen die ohnehin labile Weltwirtschaft oft besonders schwer. Die westlichen Industrieländer beziehen 19,5 Prozent ihres Ölbedarfs aus dem Iran, die Bundesrepublik 19 Prozent, die USA 10, Japan 19, England 15, Frankreich 9, Israel und Südafrika je 60 Prozent.

Schon die Zahlungsbilanzen der wirtschaftlich leistungsfähigen westlichen Industrieländer wurden durch die erste große Preiswelle in Mitleidenschaft gezogen – wie hart werden erst die rohstoffarmen Entwicklungsländer getroffen, wenn der Preis für das Erdöl derart in die Höhe schnellt!

Auch die Bundesrepublik Deutschland kann weder auf Öl, noch auf Kernkraft verzichten – auch wenn sie alle anderen Energiequellen (Kohle, Erdgas, Sonnenenergie usw.) ausschöpft. In absehbarer Zeit ist die Öleinfuhr nicht erheblich zu drosseln, und das muß zu wirtschaftlichen Auswirkungen führen:

- Die Grundstoffe für die petrochemische Industrie werden erheblich teurer,
- unsere Wirtschaftspartner werden, um ihre eigenen Öleinfuhren zu sichern, notfalls die Einfuhr deutscher Industrieprodukte zurückstellen. Rückgang des Wirtschaftswachstums und ein neuer Inflationsschub bilden die eine Seite dieser Entwicklung, auf der anderen drohen neue Währungsturbulenzen um den Dollar. Die Industrienationen werden in immer höherem Maße von den 13 in der Organisation der ölexportierenden Länder zusammengeschlossenen Staaten abhängig. Sie sind es schon jetzt, obgleich die besonnene Haltung des saudi-

arabischen Ölministers Jamani noch einmal das Schlimmste abgewendet hat.

Damit gewinnt für die deutsche und die europäische Wirtschaft die Frage der Versorgung mit Kernenergie eine geradezu dramatische Bedeutung. Mit Sicherheit ist dieses Problem nicht mehr national zu lösen. Wenn Frankreich entlang seiner Grenze zu Deutschland eine Reihe von Kernkraftwerken errichtet, dann ist deren Sicherheit eben kein nur französisches Problem mehr. Dennoch hat diese nur nationale Sicht dazu geführt, daß in der Bundesrepublik Deutschland seit 1975 kein einziges Kernkraftwerk mehr in Auftrag gegeben wurde, in Frankreich dagegen 33. Die sogenannten Kernwaffenmächte exportieren Kernkraftwerke in alle Welt, während in der Bundesrepublik die Nuklear-Technik auf dem Stande von etwa 1975 stehengeblieben ist. Zwar heißt es im Art. 4 des sogenannten Non-Proliferation-Vertrages, die »Schwellenmächte« (Staaten mit hochentwickelter Industrie, die sich dazu verpflichteten, keine Kernwaffen herzustellen, z. B.: die Bundesrepublik Deutschland, Italien, Schweden, Japan) dürften beim Export von Kernkraftwerken und in der zivilen Nutzung der Kernenergie nicht benachteiligt werden. Aber diejenigen, die das atomare Monopol oder das Oligopol für sich in Anspruch nehmen und die damit auch die Freiheit der Wiederaufbereitung haben, haben im Export heute uns gegenüber einen Wettbewerbsvorteil, den die Bundesrepublik bis 1975 durch eine überlegene Kerntechnik teilweise ausgleichen konnte.

Wollte nun die Bundesrepublik ihren Energiebedarf durch Kohle decken, dann müßte sie jährlich zu den 100 Millionen Tonnen, die im eigenen Land abgebaut werden, etwa 200 Millionen Tonnen einführen. Kohlekraftwerke belästigen und verschmutzen ihre Umwelt jedoch in erheblichem Maße, und es ist deshalb leicht abzusehen, wie die Bevölkerung reagieren würde, wenn überall im Lande neue Kohlekraftwerke gebaut würden: Sie wären politisch nur sehr schwer oder gar nicht durchsetzbar.

Darum gilt es einen Mittelweg zu finden, der Wirtschaft nicht Luft, Wasser und Landschaft zu opfern, andererseits aber auch reine Luft, klares Wasser und unberührte Landschaft nicht zu vergötzen, denn von ihnen allein können wir nicht leben. Wenn die Bundesrepublik ihre Stellung in der Spitzengruppe der Industrienationen behalten will, dann fordert dieses Ziel ihren Bürgern Disziplin und den Politikern Sachkunde, Einsicht und Mut in hohem Maße ab.

Die europäische Gemeinschaft braucht eine gemeinsame Energie- und Rohstoffpolitik. Nationale Alleingänge nach dem Motto: »Rette sich, wer kann!« verschlimmern das Übel. Uns allen ist noch in schrecklicher Erinnerung, wie die panikartigen Reaktionen der Industriestaaten um 1930 angesichts der heraufziehenden Weltwirtschaftskrise ihre nationalen, protektionistischen Alleingänge die Krise letztlich nur verschärften und damit ihre schrecklichen Folgen geradezu mit heraufbeschworen. Deshalb ist es unsere Pflicht, für eine gemeinschaftliche europäische Energie- und Rohstoffpolitik und nicht für nationale Alleingänge einzutreten.

Inzwischen hat sich ein neuer magischer Begriff in den Köpfen vieler Politiker eingenistet: Die sogenannte »Neue Weltwirtschaftsordnung«. Ihre Aufgabe soll es sein, die Preise für die 18 unentbehrlichen Rohstoffe einer industriellen Fertigung zu stabilisieren und damit die Wirtschaft der rohstofferzeugenden Entwicklungsländer auf eine solidere

Finanzbasis zu stellen. In Wirklichkeit jedoch stehen die entwicklungsfähigen Länder nicht vor dem Problem stabiler Rohstoffpreise, sondern vor der Frage, wie sie den Durchbruch vom Steinzeit- zum Atomzeitalter bewältigen wollen, ohne in ausreichendem Maße für die Heranbildung einer geistigen, industriell-wissenschaftlich-technischen Führungsschicht gesorgt zu haben. In den Entwicklungsländern mangelt es an einem Spitzenmanagement für eine moderne Wirtschaft, es mangelt an einem breiten Mittelmanagement ebenso wie an Facharbeitern und Handwerkern. Die Protokoll-Souveränität allein genügt nicht! Soll sie in absehbarer Zeit durch eine wirkliche Souveränität ersetzt werden, dann müssen die Industrienationen den Entwicklungsländern vor allem dabei helfen, wissenschaftlich-technisch-handwerkliche Fachkräfte heranzubilden. Das ist die wirksamste Entwicklungshilfe.

Niemals haben sozialistische Wirtschaftsmodelle – Planung, Verwaltung, bürokratische Verteilung – in eine bessere Zukunft, sondern stets in bürokratische Bevormundung, kollektivistische Gleichmacherei, materielle Verarmung und Ausbeutung der menschlichen Arbeitskraft geführt. Die natürlichen Reserven werden in sozialistischen Wirtschaftssystemen verschwendet, die Menschen ideologisch gleichgeschaltet, das geistig-künstlerische Leben verödet. Das gilt im nationalen und im kontinentalen Rahmen für die Europäische Gemeinschaft, das gilt im globalen Rahmen für die Weltwirtschaft.

Deshalb sollten die westlichen Industrieländer zu ihrer Überzeugung von der Überlegenheit der liberalen Weltwirtschaftsordnung stehen und auch danach handeln, anstatt von Konferenz zu Konferenz zu taumeln, ihre Partner mit halbherzigen Versprechungen zu beschwichtigen oder zu täuschen mit Kompromissen, die dann nicht eingehalten werden, und vor allem: Anstatt mit marktfeindlichen Zugeständnissen um das Wohlwollen der UN-Mehrheit zu buhlen.

Meist kündigen sich geschichtliche Veränderungen nicht mit Paukenschlag und Donnerhall an. Die Gefahr liegt in der schrittweisen Veränderung der Gesellschaft, zunächst durch die Vergewaltigung der Sprache, durch die Verfälschung der Begriffe über die Verengung des Bewußtseins bis zu seiner Veränderung. Es gilt, den Kampf um die Sprache wieder aufzunehmen und die Schlacht um die Begriffe zu gewinnen, wenn die politische Wirklichkeit zum Guten hin gestaltet werden soll. Die Gefahr liegt in der Politik der vielen kleinen Schritte in die stets gleiche Richtung. Dies führt schließlich zu einem Zustand, der auf demokratischem Weg nicht mehr verändert werden kann.

Manchen Theoretikern und auch Politikern scheint der Weg Westeuropas in den Kollektivismus unausweichlich zu sein. Sind die Bürger der Bundesrepublik Deutschland und des freien Europa noch fähig und bereit, den Herausforderungen und Bedrohungen des Kollektivismus zu widerstehen? Die westliche Industriegesellschaft scheint müde und moralisch mürbe geworden zu sein und keine verbindlichen Werte mehr zu kennen. Wir müssen auch dafür kämpfen, daß nicht grundlegende Werte wie Fleiß, Sparsamkeit, Zuverlässigkeit, Tüchtigkeit und Disziplin als reaktionär oder gar faschistisch verschrien werden. Wir müssen Widerstand leisten, wenn die Familie als eine Stätte der Fremdbestimmung, das elterliche Sorgerecht als elterliche Fremdgewalt verleumdet und in einem psychosenerzeugenden Emanzipationswahn die sogenannte »Nur«-Mutter gering geschätzt wird. Wir müssen uns dagegen stemmen, wenn

Leistungswille und Leistungsfähigkeit verteufelt werden, und begreifen, daß eine Jugend, der zu wenig abverlangt wird, allzu leicht der Versuchung durch Jugendsekten oder Drogen und Alkohol anheim fällt. Wer die junge Generation nur in Watte packen will, versündigt sich an ihr.

Wir dürfen es nicht hinnehmen, wenn das Bewußtsein des einzelnen Bürgers, für die Sicherung seiner Existenz zunächst selbstverantwortlich zu sein, geschwächt wird. Wir müssen die Bereitschaft fördern, selbständige Existenzen zu gründen, weil die freien Berufe und der Mittelstand den Kern unserer freiheitlichen Wirtschafts- und Gesellschaftsordnung bilden. Es gilt, das Anspruchsdenken zurückzudrängen, das sozialistische Heilsverkünder und emanzipatorische Reformeuphoriker geweckt haben. Wenn die allzu hoch geschraubten Ansprüche nicht erfüllt werden, breiten sich Unzufriedenheit, irrationale Protestbereitschaft, Verdrossenheit und vielleicht sogar revolutionäre Grundstimmung aus. Weit wichtiger als die technisch-bürokratische Autorität ist für die Europäische Gemeinschaft die Autorität einer klaren Wert- und Lebensorientierung. Elternhaus, Schule und die Kirchen dürfen sich ebensowenig wie die politischen Verantwortlichen vor der Aufgabe zurückziehen, durch Wort und Vorbild der jungen Generation den Weg in ein sinnvolles Leben zu zeigen. In der Politik müssen Wort und Wahrheit, Verheißung und Erfüllung, Zusage und Verwirklichung wieder deckungsgleich werden. Immer noch gilt auch im politischen Leben: Wer Mut zeigt, macht Mut. Und allein im Mut zur Freiheit liegt Europas Zukunft.

Soziale Sicherheit heute und morgen

Mit Verantwortungsbewußtsein betriebene Sozialpolitik kann nicht losgelöst von den anderen politischen Bereichen gesehen werden. Sie ist vielmehr Teil einer Ordnungspolitik, in der freiheitliche Wirtschafts-, Finanz- und Sozialpolitik ein Ganzes bilden.

Aufgabe der Sozialpolitik kann es nicht sein, wirtschafts- und finanzpolitische Fehler oder Versäumnisse auszugleichen, im Gegenteil: nur eine nach den Lehren der Vernunft gestaltete Wirtschafts- und Finanzpolitik begründet soziale Sicherheit. In einer freiheitlichen Ordnung wird daher Sozialpolitik niemals mißbraucht werden als Planierraupe, die im Dienst einer lebensfremden Gleichheitsideologie alle vorhandenen sozialen Defizite und Ungleichheiten einebnet, selbst jene, die auf eigenes Versagen und mangelnden Leistungswillen zurückzuführen sind.

Sozialpolitik darf keine Kanne sein, aus der über alle, ob sie es nun nötig haben oder nicht, der Staat gleichmäßig seine Gaben ausgießt. Der Staat schafft durch Sozialpolitik kein persönliches Glück und gewährleistet es auch nicht. Wir warnen vor einer technizistischen Vorstellung, als könne das Glück staatlich verordnet werden. Es ist nicht alles machbar, ja es ist noch nicht einmal zu wünschen, daß alles, was machbar ist, auch tatsächlich gemacht wird. Im Zuge der wissenschaftlich-technischen Entwicklung und des stürmischen wirtschaftlichen Aufstieges und der damit verbundenen vermehrten finanziellen Leistungsfähigkeit in den letzten Jahrzehnten hat sich ein Aberglaube, eine Wahnidee da oder dort festgesetzt, als ob dem Staat schlechthin alles möglich wäre. Aber Politik darf sich nicht als Anspruchsbefriedigungsmaschine verstehen, sonst verfehlt sie ihre eigentliche Aufgabe, und die heißt: Vermittlung von Normen für das gesellschaftliche Zusammenleben, auch mit den Behinderten und Benachteiligten. Deshalb kann Sozialpolitik ihre schützende, sichernde, helfende und weiterhelfende Aufgabe nur dort erfüllen, wo – aus welchem Grund auch immer – die Möglichkeit zu vollem, eigenverantwortlichem Handeln so wenig wie möglich und so viel wie höchstens nötig eingeschränkt wird. Die bisher von der Bayerischen Staatsregierung für die Kriegsopfer und deren Hinterbliebenen, die Wehrdienstopfer, die Behinderten, die Sozialrentner geleistete Arbeit kann sich sehen lassen. Aber wir vergessen nie, daß das, was wir Politiker an finanziellen Mitteln ausgeben, nicht von uns erarbeitet worden ist, sondern von den Schaffenden in unserem Lande, von den Steuerzahlern und Sparern.

Mit dem 1. Bayerischen Landesplan für Behinderte aus dem Jahr 1974 wurde in enger Zusammenarbeit mit allen Betroffenen und den fachlich berührten Verbänden und Behörden der Weg zu einer modernen, zukunftsweisenden Politik für Behinderte in Bayern gewiesen. Diesen Weg wollen wir weitergehen. Vor allem werden die Mittel, die dem Bayerischen Staatsministerium für Arbeit und Sozialordnung im Haushaltsjahr 1979/80 für die Behinderten zur Verfügung gestellt werden, im Vergleich zum Vorjahr nicht gekürzt, im Gegenteil: Mittel der Ausgleichsabgabe stehen in weit größerem Umfang als bisher zusätzlich bereit. Insgesamt wurden in der Behindertenhilfe und Rehabilitation im

Rahmen der Landeszuständigkeit die Mittel von 12,68 Millionen DM im Jahre 1972 auf 46,6 Millionen DM im Jahr 1978 erhöht.

Ferner beabsichtigt die Bayerische Staatsregierung, ein Aktionsprogramm „Psychiatrische Versorgung in Bayern" zu veröffentlichen, das vor allem Förderungsmöglichkeiten zur besseren Rehabilitation und Betreuung von psychisch Kranken und Behinderten beschreiben soll. Voraussichtlich 1981 wird dann ein zweiter Bayerischer Landesplan für Behinderte aufgestellt werden.

Auf Bundesebene hat die Bayerische Staatsregierung zahlreiche Verbesserungen für Kriegsopfer durchgesetzt oder zumindest Verschlechterungen abgewendet. So gelang 1972 die Anhebung der Kleinrenten, und 1975 trat Bayern im Rahmen des Haushaltsstrukturgesetzes beim 9. und 10. Kriegsopferanpassungsgesetz entschieden für die Forderungen der Kriegsopfer ein. Die auf das 60. Lebensjahr vorgezogene flexible Altersgrenze für Schwerbehinderte ist vor allem dem aufopfernden Einsatz meines Freundes Geisenhofer zu danken.

Die Bilanz der bayerischen Behindertenpolitik dürfen wir also durchaus mit gutem Gewissen, jedoch ohne Überheblichkeit vorzeigen.

Aber, so positiv die Bilanz auch sein mag: wir wollen nicht verhehlen, daß es noch eine Menge offener Fragen gibt, so etwa das Problem der psychiatrischen Versorgung oder das der unentgeltlichen Beförderung von Schwerbehinderten im öffentlichen Personenverkehr. Die Bayerische Staatsregierung bejaht nicht nur theoretisch die für die jeweils Betroffenen bestmögliche Lösung, sondern sie treibt sie auch praktisch voran. Allerdings wehren wir uns dagegen, daß den Ländern und Gemeinden durch Bundesgesetze finanzielle Lasten auferlegt werden, die der Bund nicht mitzutragen bereit ist. Wenn in diesem Jahr Bund und Länder gemeinsam 5,3 Milliarden DM mehr Steuern einnehmen, als bei der letzten Steuerschätzung angenommen wurde, dann sollten doch wohl die Gesamtkosten für die unentgeltliche Beförderung von Schwerbehinderten im öffentlichen Personenverkehr je zur Hälfte vom Bund und den Ländern getragen werden.

Aber gerade dieser Fragenkreis führt, wenn er auch keine besonders große finanzielle Bedeutung hat, zu einigen grundlegenden Fragen unserer Sozialpolitik überhaupt:

1. Welche soziale Leistungen sind wünschenswert und notwendig, den Zustand der sozialen Sicherheit zu gewährleisten?
2. Welches Maß an sozialen Leistungen ist finanzierbar?

Ich weiß wohl: Wer solche Fragen stellt, macht sich schon verdächtig, er beabsichtige, berechtigte Sozialleistungen abzubauen, ja, den Sozialstaat insgesamt zu demontieren. All diesen schnellzüngigen Richtern sei erwidert: Das Netz der sozialen Sicherung führt kein Eigenleben. Es existiert nicht unabhängig von der wirtschaftlichen Entwicklung, von der Investitionstätigkeit, von der Ertragfähigkeit der Wirtschaft, von der Entwicklung des Brutto- oder Nettosozialproduktes. Die Steuern sind und bleiben die entscheidende Quelle, aus denen der Staat die Mittel für seine sozialen Leistungen schöpft. Zwar hat die Umverteilung des aus der Steuerleistung kommenden Zuwachses in unserem Lande zu weit weniger starken sozialen Spannungen geführt als anderswo. Aber der Steuerstaat bildet nun einmal die Grundlage des Sozialstaates, und er bestimmt auch dessen Grenzen. Ob Behinderten- oder Altenhilfe, ob Förderung von Jugendlichen in Problemsituationen oder Rentensystem: Sozialpolitik kann nicht ausgenommen werden von den Chancen und Risiken, denen die Politik als ganzes unterworfen und ausgesetzt ist. Mit anderen Worten: Wir dürfen nicht so tun, als wären Sozialpolitik und Sozialverwaltung ein und dasselbe.

Dabei liegen die Risiken ja nicht nur in der binnenstaatlichen Wirtschaft, sie ergeben sich auch aus Zusammenhängen, auf die wir entweder gar keinen oder nur einen sehr mittelbaren Einfluß haben. Wie reißfest unser soziales Netz in Zukunft sein wird, hängt auch davon ab, ob unsere exportabhängige Wirtschaft weiterhin mit den 18 für jede moderne Industrie unentbehrlichen Rohstoffen und mit bezahlbarer Energie versorgt wird.

Funktions- und Leistungsfähigkeit einer modernen, arbeitsteiligen Wirtschaft im nationalen, europäischen und weltweiten Rahmen bilden die unentbehrliche Voraussetzung dazu, daß der Staat seinen sozialen Auftrag erfüllen kann. Wollten wir diese Zusammenhänge leugnen, so näherten wir uns vielleicht dem Ideal der Gleichheit, aber um den Preis der Armut aller. Es kann aber nicht das Ziel der Politik sein, die Gleichheit als gleiches Maß an Bedürftigkeit anzustreben. In einem vernünftig gelenkten Staatswesen soll es vielmehr jedem so gut gehen, daß er sich mit Stolz und Überzeugung zur freiheitlichen und sozialen Ordnung bekennen kann.

Nur im unmittelbaren Zusammenhang mit dem Erfolg der Sozialen Marktwirtschaft der Bundesrepublik Deutschland konnte ein soziales Netz geknüpft werden, dessen Maschen immer fester, tragfähiger und enger wurden. Es führte zu keinem guten Ende, würde man das soziale Netz überlasten

- durch verschiedene Proben auf die Grenzen seiner Belastbarkeit,

– durch eine unsolide Finanz- und Wirtschaftspolitik,
– durch das Nähren übertriebener Reformerwartungen.

Das soziale Netz ist als Ganzes sicher noch tragfähig. Es muß uns aber Sorge bereiten, daß

– die Staatsverschuldung übermäßig schnell anwächst und mit ihr die Belastung der jungen Generation,
– auf lange Sicht die Rentenversorgung noch ungesichert ist,
– die Kosten im Gesundheitswesen weiterhin steigen,
– die rückläufige Bevölkerungsentwickung auf längere Sicht den Generationenvertrag in Frage stellen wird,
– und daß die rechtliche Stellung, das gesellschaftliche Ansehen, die materiellen Grundlagen und die Erziehungskraft der Familie zunehmend geschwächt werden.

Das Netz der sozialen Sicherung in der Bundesrepublik Deutschland kann nur finanziert werden, wenn das reale Wirtschaftswachstum jährlich im Durchschnitt 4 bis 5 Prozent beträgt. Dies ist aber nur erreichbar bei einer jährlichen Zunahme der Investitionen um real 8 bis 9 Prozent, und zwar: real nach konstanten Preisen. Zwar wäre es schön, wenn es diesen Zwang zum Wirtschaftswachstum nicht gäbe. Wer aber ein Ende des Wachstums, also die Stabilisierung auf einem erreichten Niveau wirtschaftlicher Leistungsfähigkeit für denkbar, wünschenswert oder gar unvermeidbar hält, der muß auch die Folgen sehen: Weil das Netz der sozialen Sicherung eine Funktion der Leistungsfähigkeit unserer Wirtschaft darstellt, muß das wirtschaftliche auch das soziale Nullwachstum nach sich ziehen. Dieser Kausalzusammenhang kann weder weggeträumt noch wegdiskutiert werden. Es wäre deshalb unverantwortlich, immer mehr und vor allem immer neue Sozialleistungen unter Ausdehnung der berechtigten Personenkreise zu versprechen und nicht gleichzeitig die wirtschaftliche Leistungskraft zu erhalten und zu steigern, und auch von jedem einzelnen Bürger zu verlangen, daß er mit seiner Leistung, seinem Fleiß, seinem Können, seiner Tüchtigkeit und seinem Geschick dazu beiträgt, das Netz der sozialen Sicherheit zu erhalten und zu stärken. Es ist unverantwortlich, dem Bürger vorzugaukeln, er könne durch geringere Leistung, durch weniger Arbeit, durch kürzere Arbeitszeit ein immer besseres Leben auf dieser Erde führen. Der Fortschritt kommt auch heute noch immer von der Leistung. Der Erfolg des einzelnen wie der gesamten Wirtschaft kommt vom Können. Das menschenwürdige Leben derer, die ihren Lebensunterhalt noch nicht, nicht mehr oder gar nicht aus eigener Kraft verdienen können, hängt von der Leistung der Leistungsfähigen ab.

In den nächsten Jahren wird es sicher für die Sozialpolitik keine allzu großen finanziellen Spielräume geben. Keinesfalls werden die wirtschaftlichen Wachstumsraten die Größenordnung erreichen, die bedeutende Sozial- oder Umverteilungsleistungen ermöglichen. Der Rückgang des Investitionszuwachses, die Verteuerung der Rohstoffe und Energien, die Veränderung unserer Beschäftigungsgrundlage wirkt sich auf das System der sozialen Sicherung aus:

- Die Rentenversicherungsträger mußten in den letzten Jahren jeweils 4 bis 5 Milliarden DM Beitragsausfälle als Folge der durchschnittlich 1 Million Arbeitslosen hinnehmen. Für die öffentlichen Kassen bedeuten 1 Million Arbeitslose eine Mehrausgabe von rund 9 bis 10 Milliarden DM einerseits, andererseits einen Einnahmeverlust in fast gleicher Größenordnung. (Zu den Sozialversicherungsbeiträgen sind noch die entfallenden Lohn- bzw. Einkommensteuern zu rechnen.)
- In der Rentenversicherung muß zwischen 1976 und 1980

eine Finanzierungslücke von 82 Milliarden DM geschlossen werden. Dies ist erst zum Teil geschehen.
- Die Defizite in der Arbeitslosenversicherung mußten aus Steuermitteln abgedeckt werden. Dieser Zuschußbedarf wird 1979 etwa 4,9 Milliarden DM betragen.
- In der Krankenversicherung wurde die Kostenexpansion über die Beitragssätze zum Teil auf die Versicherten abgewälzt, zum Teil durch andere Maßnahmen begrenzt unter Kontrolle gebracht.

Im ganzen ist das finanzielle Fundament des sozialen Systems in der Bundesrepublik Deutschland nicht mehr so stabil wie noch vor 10 Jahren. Seit 1969 wurden 44 Maßnahmen beschlossen, die zu sozialen Einbußen unterschiedlicher Art geführt haben. Rentner, Kriegsbeschädigte und auch die Arbeitnehmerschaft waren und sind von dieser restriktiven Sozialpolitik betroffen. Ohne Zweifel stellt die bruttolohnbezogene Rentenformel eine der größten sozialen Errungenschaften in der Bundesrepublik dar. Soll sie beibehalten werden, so setzt dies voraus:
- Vollbeschäftigung,
- keine weitere Ausdehnung des Personenkreises,
- normale Bevölkerungsentwicklung,
- mäßiger Anstieg der Beiträge zur Rentenversicherung.

Die Bundesregierung erwartet für die nächsten Jahre eine durchschnittliche Lohnsteigerungsrate von 6 Prozent. Ob diese Erwartung realistisch ist, mag dahingestellt bleiben. Jedenfalls wäre es unvernünftig und unverantwortlich, der erwarteten Beitragshöhe zur Rentenversicherung eine Lohnsteigerungsrate zugrundezulegen, die infolge der gesamtwirtschaftlichen Lage nach vernünftiger Einschätzung der Tarifpartner nicht zustandekommen darf, weil sich sonst die Zahl der Arbeitslosen erneut erhöhen würde. Es ist außerdem sehr fraglich, ob der von der Bundesregierung geschätzte Anstieg der abhängig Beschäftigten in Höhe von etwa 0,3 Prozent jährlich als eine bedeutende Verringerung der Arbeitslosenquote angesprochen werden kann. Diese Frage stellt sich um so dringlicher, als einerseits die Altersgrenze weiter gesenkt und andererseits der Eintritt der Schulzeit verzögert werden soll. Diese politischen Maßnahmen werden das Zahlenverhältnis der im Erwerbsleben tätigen Personen zu den von ihrer Arbeitsleistung Abhängigen ungünstig beeinflussen, und das vor dem Hintergrund einer dramatischen Bevölkerungsentwicklung. Die politische Verantwortung hierfür leichtnehmen hieße die parlamentarische Demokratie einer schweren, vielleicht zu schweren Belastungsprobe aussetzen.

Die Gesamtausgaben für Sozialleistungen haben sich in den vergangenen 17 Jahren von 58,4 Milliarden, das waren 20 Prozent des Bruttosozialproduktes, auf 379,2 Milliarden DM, also auf 32 Prozent des Bruttosozialproduktes erhöht, sie haben sich also in diesem Zeitraum versiebenfacht. Jede dritte Mark geben wir heute für Sozialleistungen aus. Das ist eine stolze Bilanz, die niemandem Anlaß zu grundsätzlicher Kritik geben darf. Diese soziale Bilanz verpflichtet uns vielmehr, unsere wirtschaftliche und finanzielle Leistungsfähigkeit als Voraussetzung zu unserer sozialen zu erhalten und zu steigern. Die Frage, wie ein weiteres Anwachsen der Sozialleistungen in Zukunft finanzierbar sei, ob wir vielleicht mit der jetzigen Sozialleistungsquote schon die Grenze des Möglichen erreicht haben, muß beantwortet werden.

Zwischen 1950 und 1960 lag das reale Wirtschaftswachstum bei 7 Prozent jährlich. Im Laufe der sechziger Jahre erfolgte der allmähliche Rückgang, und zwischen 1971 bis 1977 betrug das Wirtschaftswachstum jährlich noch 2,6

Prozent. Die Gründe hierfür liegen natürlich nicht nur in politischen Fehldispositionen. Der Zuwachs der Arbeitsproduktivität fiel von 7,1 Prozent zwischen 1950 und 1955 auf 4,2 Prozent in den Jahren 1970 bis 1977 und betrug 1978 noch 2,6 Prozent. Die Bundesregierung hält laut ihrem Finanzplan 1978/82 ein reales Wirtschaftswachstum im Durchschnitt dieser 4 Jahre von 4 Prozent und einen gesamtwirtschaftlichen Preisanstieg von 3 Prozent für möglich. Nach einer Prognose des Ifo-Instituts wird allerdings das Trendwachstum der achtziger Jahre nur noch 3,5 Prozent und das Wachstum der Arbeitsproduktivität 4 Prozent erreichen, und dies auch nur, wenn das Investitionsklima verbessert wird und keine stärkeren Behinderungen im Exportwachstum eintreten. Heute noch nicht vorhersehbare politische Entwicklungen, die unsere Rohstoff- und Energieversorgung ernsthaft in Frage stellen könnten, werden von dieser Prognose naturgemäß nicht erfaßt. Mit dem Zusammenbruch des amerikanischen Sicherheitspfeilers Iran im Mittleren Osten und mit der Erschütterung in der arabischen Welt durch die neue Schubkraft des Islam sind politische Risiken entstanden, die die Bundesrepublik nur gemeinsam mit ihren europäischen und amerikanischen Partnern wird bestehen können. Ein Osterspaziergang, während „weit hinten in der Türkei die Völker aufeinanderschlagen", ist uns heute nicht mehr gestattet. Weltweite Verantwortung darf heute nicht mehr nur von den Vereinigten Staaten von Amerika erwartet werden. Auch Europa, auch die Bundesrepublik Deutschland sind einbezogen in ein Geflecht weltpolitischer Entwicklungen und Krisen, und es wäre unvernünftig, wollte die deutsche Politik, auch die deutsche Sozialpolitik, ein friedliches Inseldasein inmitten einer krisengeschüttelten Welt führen.

Der Unternehmer in Gesellschaft und Politik

Die Konjunktursonne leuchtet über dem Kraftfahrzeuggewerbe heller als über manchen anderen Branchen. Das ist um so bemerkenswerter, als man im Schock der angeblichen Ölkrise Ende 1973 den Rückgang der Kapazitäten im Automobilbau um 50 Prozent gefordert hat. Wäre man damals den Bedarfsplanern gefolgt, so gäbe es heute einen schwarzen Markt für Autos, einen übermächtigen Importdruck und sicher eine Million Arbeitslose mehr.

Von Automobilen und Motoren geht eine Faszination aus, die das Kraftfahrzeuggewerbe von allen Nachwuchssorgen befreit. In den Beruf des Kfz-Mechanikers drängt sich die Jugend wie in keinen anderen.

Alles in allem bietet das Kfz-Gewerbe ein erfreuliches, obgleich nicht für alle Bereiche der mittelständischen gewerblichen Wirtschaft typisches Bild und liefert einen Beweis für Leistungskraft, Beweglichkeit und schließlich auch Verantwortungsbewußtsein des freien mittelständischen Unternehmertums.

- Der Gesamtumsatz von Kfz-Handwerk und -handel im Jahr 1978 ist – bei leicht gesunkener Umsatzrendite – auf 79,7 Milliarden DM angestiegen. Dies bedeutet ein Plus von 13 Prozent.
- Die Zahl der Betriebe ist im letzten Jahr um 2,4 Prozent auf 31 981 und die Zahl der Beschäftigten um 4,5 Prozent auf 384 300 angewachsen.

- Die Zahl der Ausbildungsplätze im Kraftfahrzeuggewerbe für gewerbliche Lehrlinge hat sich 1977/78 um 10,2 Prozent auf 92 549 erhöht, und die Zahl der kaufmännischen Auszubildenden ist im gleichen Zeitraum um 10 Prozent auf 17 050 angestiegen.
- Im Jahre 1978 waren 66,3 Prozent aller Kfz-Betriebe Ausbildungsbetriebe. Die Nettokosten (nach Abzug der Arbeitsleistung der Auszubildenden) betrugen im Kfz-Handwerk durchschnittlich 5200,– DM pro Ausbildungsplatz, so daß die Kfz-Betriebe etwa 481 Millionen DM für die Ausbildung des Berufsnachwuchses ausgaben, das bedeutet ein Plus von 14,5 Prozent.

Welchen Beitrag zum gesamten Sozialprodukt, zur Schaffung und Sicherung von Arbeitsplätzen und vor allem zur Ausbildung junger Menschen der freie gewerbliche Mittelstand leistet, läßt sich an diesen Zahlen beispielhaft ablesen. Wie gefährlich, wie unverantwortlich ist daher eine Politik, die von grundsätzlichem Mißtrauen gegenüber den selbständigen Unternehmern geprägt ist! Das Privateigentum an Produktionsmitteln, die freie Verfügbarkeit darüber und die freie Unternehmerentscheidung sind nämlich ebenso unentbehrliche Elemente unserer marktwirtschaftlichen Ordnung wie die freie Konsumwahl oder die Freiheit der Wahl des Arbeitsplatzes.

Mit der Wiederentdeckung des Marxismus in den sechziger Jahren durch die alten und neuen Linken in SPD und Gewerkschaften, in den Medien und an einigen Hochschulen, seit 1969 auch durch Mitglieder der Bundesregierung, ist diese Grundwahrheit jeder freiheitlichen Wirtschafts- und Gesellschaftsordnung bei uns keineswegs mehr eine Selbstverständlichkeit. Dabei erhebt nicht nur die Linksaußen-Fraktion der Jusos unverdrossen ihre programmatischen Forderungen nach Abschaffung der »ausbeuterischen Unternehmerwirtschaft«. Ganz offiziell forderte die SPD in ihrem Europawahl-Programm 1979 z. B. Investitionslenkung und demokratische Planung mit dem Ziel, die öffentliche und private Investitionstätigkeit in einer langfristigen Strategie zu verbinden.

Ende April 1979 haben 240 Wissenschaftler und Gewerkschaftsfunktionäre, die sich als Gegner des marktwirtschaftlichen Denkens bekennen, in Bonn gefordert, die Wirtschaft müsse schrittweise »demokratisiert« werden, mit dem Ziele, den Widerstand der Unternehmer gegen eine kräftige Umverteilung des Volkseinkommens zu Lasten der Privatgewinne zu brechen. Weiterhin wurde gefordert, daß »angesichts des Versagens der Marktwirtschaft entschiedene politische Eingriffe mit dem Ziel erforderlich sind, die Entscheidung über Art und Umfang der Wirtschaftstätigkeit an den sozialen Bedürfnissen nach Arbeit und Versorgung statt an privatwirtschaftlicher Rentabilität auszurichten«.

Das sind offene Kampfansagen, denn vier Säulen tragen die freiheitliche Architektur der Bundesrepublik Deutschland:

- Der freiheitliche Rechtsstaat,
- die parlamentarische Demokratie,
- die Soziale Marktwirtschaft,
- der förderative Staatsaufbau.

Keines dieser Elemente kann herausgebrochen werden, wenn man nicht den gesamten Bau gefährden und schließlich zum Einsturz bringen will. Dieses Herausbrechen geschieht bei uns nicht mehr in einem plötzlichen, gewissermaßen revolutionären politischen Kraftakt, sondern durch langsames, schrittweises Unterhöhlen des tragenden Untergrundes. Die moralische Diffamierung einer ganzen Gruppe mit dem Ziel, sie menschlich und damit um so leichter auch politisch zum Zielpunkt neiderfüllter Aggressionen zu machen, ist seit den Jakobinern ein beliebtes und immer wieder neuerprobtes Mittel freiheitsfeindlicher Ideologen. Unternehmer werden zu »Profitgeiern«, »Ausbeutern« und »Sklavenhaltern«, Meister zu »Lehrlingsschindern«, und wer Leistung fordert, sieht sich bald als »Faschist« gebrandmarkt. Hinter dieser bereits seit mehr als einem Jahrzehnt betriebenen Gruppenhetze steckt System.

Nicht nur diese offene Unternehmerbeschimpfung habe ich stets entschieden als Verstoß gegen den demokratischen Grundkonsensus des politischen Zusammenlebens in der Bundesrepublik Deutschland angeprangert. Jede politische Theorie, die einer sozialen Gruppe und deren Interessen ein gewissermaßen naturgegebenes oder von der Gesellschaft verliehenes höheres Maß an Wahrheit und Moralität zugesteht als anderen Gruppen und Interessen, widerspricht zutiefst dem Wesen der freiheitlichen Demokratie. Weder Unternehmer noch Arbeitnehmer können für sich das Recht in Anspruch nehmen, die jeweils höhere Weisheit, menschlichere Moral, gerechtere Ordnung zu vertreten.

Wegen dieser Auffassung hat man mich schon mehrfach der einseitigen Parteinahme für die Unternehmerinteressen bezichtigt. Es lohnte sich nicht, auf solch unsinnige Behauptungen überhaupt einzugehen, wenn sie lediglich auf Unwissen, Voreingenommenheit oder Böswilligkeit zurückzuführen wären. Aber auch ein solches Mißverstehen gehört in die Strategie zur Diffamierung unserer freiheitlichen sozialen Marktwirtschaftsordnung. Die Unternehmer – die kleinen, die mittleren und die großen – bleiben aufgefordert, ihrerseits in die Öffentlichkeit zu gehen und zu verdeutlichen, welche unersetzliche Aufgabe sie in einer freien, und das heißt wahrhaft sozialen Wirtschafts- und Gesellschaftsordnung erfüllen.

Freilich: Die Unternehmer können so wenig wie die Arbeitnehmer Träger und Verwirklicher eines endzeitlichen Zustands ewiger sozialer Harmonie, menschlichen Glücks und erfüllter Gerechtigkeit sein. Die Unternehmer handeln nach ökonomischen Zusammenhängen und daher selbstverständlich auch nach egoistischen Interessen. Sie sind weder Preistreiber noch Profitgeier, weder Sündenböcke für alle möglichen wirtschaftlichen Krisen und sozialen Unzuträglichkeiten, noch die offenen oder gar geheimen Herren unseres Staates. Sie sind aber auch keine Engel der Nächstenliebe oder gar Träger letzter politischer Weisheit. Weder auf Beschimpfung und Verdächtigung, noch auf Idealisierung einer sozialen Gruppe – der Unternehmer oder Arbeitnehmer – läßt sich gute Politik aufbauen. Was wir brauchen, das ist eine vernünftige, von Vorurteilen und Neidkomplexen freie Sicht wirtschaftlicher, wirtschafts- und gesellschaftspolitischer Zusammenhänge.

Diese sind indessen so offen und klar, daß es aller Phantasie und aller intellektuellen Anstrengungen eines langen Ideologenlebens bedarf, sie nicht zu erkennen.

Da ist das Verhältnis von Lohnabhängigen und Unternehmern. Da ist auch der soziale Konflikt, das heißt das Ringen um die gerechte Verteilung des Sozialprodukts. Es wäre gleichermaßen wirklichkeitsfremd, wollte man solche Gegensätze und Konflikte leugnen. Aber es wäre ebenso wirklichkeitsverfälschend und schließlich freiheitszerstörend, wollte man im Konflikt allein die entscheidende Triebkraft unserer Ordnung sehen. Auch der soziale Konflikt muß mit dem Blick für die Gesamtverantwortung auf dem Boden des demokratischen Konsensus mit demokratischen Mitteln ausgetragen werden. Der Konsensus muß dabei den Konflikt überlagern, damit dieser nicht zerstört, sondern aufbaut und fördert.

Die Soziale Marktwirtschaft in der Bundesrepublik Deutschland ist nicht die Wirtschaftsform nur der Unternehmer, sondern das wirtschaftliche Ordnungssystem unseres ganzen Volkes, eingeführt durch eine legitimierte parlamentarische Mehrheit. Sie wird getragen von Arbeitnehmern und Unternehmern. In allen Konflikten, die zwischen beiden entstehen mögen und ausgetragen werden müssen, stehen sich beide nicht als Gegner im Sinne des Klassenkampfes, sondern als gleichberechtigte Partner gegenüber. Das Bundesverfassungsgericht hat in seinem Urteil zur Mitbestimmung dies klar und deutlich zum Ausdruck gebracht.

Als Freiheit der unternehmerischen Investitionsentscheidung im Rahmen allgemein gültiger Rechtsvorschriften oder als Verfügungsgewalt über Produktionsmittel hat die Freiheit der unternehmerischen Entscheidung nichts gemein mit dem primitiven Herr-im-Haus-Standpunkt sozialistischer Kapitalismuskarikatur. Freiheit ist die Voraussetzung jeden Wettbewerbs, und nur in Freiheit kann der Unternehmer Arbeitsplätze sichern, das Familienerbe erhalten und den Betrieb in eine gedeihliche Zukunft lenken.

Die Soziale Marktwirtschaft ist auf Leistung und Wettbewerb aufgebaut und an diesen beiden Grundlinien orientiert. Der Unternehmer und das Unternehmen, so will es das Gesetz der freien Wirtschaft, besitzt nur die Chance, nicht die Garantie des wirtschaftlichen Erfolges oder des Überlebens, trägt also auch das Risiko des Verlustes bis hin zur Insolvenz.

Es ist nicht in erster Linie die Aufgabe unternehmerischen Handelns, Bedarf zu decken. Vielmehr soll er im Rahmen gerechter Normen, sozial vertretbarer Grenzen und auch unter Beachtung gewisser ethischer Kategorien, deren Einhaltung sicher teilweise durch den Staat erzwungen werden muß, so viel Gewinn erzielen, daß er sein Unternehmen an der Spitze des technischen Fortschritts lebensfähig erhalten kann. Gelingt ihm dies, so trägt er auch in höchstmöglichem Maße zur Bedarfsdeckung bei.

Je mehr solche lebensfähigen Betriebe bestehen, je größer also die Zahl der Arbeitgeber ist, um so mehr und um so sicherere Arbeitsplätze gibt es. Die Freiheit der Wahl des Arbeitsplatzes durch den Arbeitnehmer, auch dies ein wesentliches Element der freiheitlichen, marktwirtschaftlichen Ordnung, kann also um so besser verwirklicht werden, je größer die Zahl von selbständigen Unternehmern ist.

Die Freiheit des Bürgers, über seinen eigenen Verbrauch zu entscheiden, stellt stets ein besonderes Ärgernis in den Augen derer dar, die aus selbstverantwortlichen Individuen im Namen einer angeblich höheren Gerechtigkeit gegängelte Betreuungs- und Versorgungsobjekte machen wollen. Da wird von angeblich objektiven Bedürfnissen und von gesellschaftlichem Bedarf gesprochen, der durch öffentliche Räte festgestellt werden müsse, mit dem Ziel, dementsprechend Produktion und Verbrauch zu lenken. Aber jeder selbständige Unternehmer, auch der kleine selbständige Handwerksmeister, tut mehr für unsere Freiheit als jeder beliebig austauschbare und verwendbare Funktionär in einem bürokratischen Apparat – auch der in einer wirtschaftlichen Großorganisation.

Unsere freiheitliche Ordnung erstickte, stünden sich darin nur mehr zentralisierte politische, wirtschaftliche und gewerkschaftliche Großorganisationen gegenüber. Demokratie wäre eine Karikatur ihrer selbst, beschränkte sich politisches Entscheiden und Handeln allein auf den Interessenausgleich weniger Inhaber eines politisch-wirtschaftlich-gesellschaftlichen Machtkartells.

Deshalb kommt es nicht nur darauf an, das verzerrte Unternehmerbild in der Öffentlichkeit wieder zurechtzurücken, mit der teils gedankenlosen, teils gezielten Begriffsverwirrung aufzuräumen, die als fortschrittlich nur das gelten läßt, was gegen Unternehmertum und Privateigentum gesagt wird. Es muß vielmehr gerade jungen Menschen wieder Mut zur selbständigen wirtschaftlichen Existenz, zum wirtschaftlichen Wagnis und zur eigenständigen Leistung gemacht werden.

Das ist auch eine Aufgabe für die unternehmerische Öffentlichkeitsarbeit. Es setzt allerdings das täglich gelebte, in der Praxis bewährte Vorbild voraus, auch im Verhältnis zu den Gewerkschaften, das dem vom Bundesverfassungsgericht geforderten und den inneren Gesetzen der Marktwirtschaft angemessenen partnerschaftlichen Verhalten zwischen Arbeitgebern und Arbeitnehmern entsprechen muß. Wer allerdings Mitbestimmung will, muß auch Mitverantwortung tragen – mit allen Folgen. Man kann nicht gleichzeitig auf beiden Seiten einer Barrikade stehen.

Noch ist der Beruf des Selbständigen für überraschend viele, besonders junge Menschen attraktiv: 1965 waren nur 36 Prozent der Selbständigen jünger als 45 Jahre, 1968 schon 45 Prozent. 70 Prozent aller selbständigen Unternehmer würden auch heute noch, wenn sie vor die Wahl gestellt wären, eine selbständige Berufsausübung jeder anderen Tätigkeit vorziehen. Jeder zweite Selbständige empfiehlt seinem Kind, sich ebenfalls selbständig zu machen.

Dennoch klafft zwischen dem, was getan werden muß, und dem, was die Bundesregierung tatsächlich tut, eine große Lücke.

Will man weiterhin eine auch vom freien Unternehmertum getragene Wirtschaftsordnung, dann gilt es endlich Folgerungen zu ziehen. Die Belastbarkeit – vor allem der mittelständischen Unternehmen – hat ihre Grenzen.

Auch die Konjunkturvoraussagen für das Jahr 1979 können nicht die Zweifel über die Zukunft der gegenwärtigen »Waschbrettkonjunktur« ausräumen. Vor allem hat sich das Investitionsklima nicht nachhaltig verbessert. Wir können aber unsere Wettbewerbsfähigkeit auf dem Weltmarkt nur dann erhalten und das Netz sozialer Sicherung in der Bundesrepublik nur dann weiter finanzieren, wenn das durchschnittliche reale Wirtschaftswachstum 4 bis 5 Prozent im Jahr beträgt, und dies bedeutet eine reale Investitionsquote von 8 bis 9 Prozent jährlich.

All denen, die immer dann von »Geschenken an die Unternehmer« sprechen, wenn durch steuerliche Maßnahmen deren Investitionsbereitschaft gestärkt wird, sei ins Stammbuch geschrieben: Das Netz der sozialen Sicherung ist eine Funktion der Leistungsfähigkeit unserer Wirtschaft. Zwischen beiden besteht ein eherner Kausalzusammenhang, der nicht einfach wegzuleugnen ist. Darum ist es auch unverantwortlich, wenn z. B. immer mehr und immer neue Sozialleistungen versprochen werden, ohne gleichzeitig die wirtschaftliche Leistungskraft – und dies bedeutet die Leistungskraft jedes einzelnen Unternehmens – zu steigern.

Angesichts der Gefahren, die unserer so stark exportorientierten Wirtschaft durch die gegenwärtige weltwirtschaftliche und weltpolitische Entwicklung drohen – ich nenne nur die Stichworte Energieversorgung und neue

Weltwirtschaftsordnung – ist es mehr als unverantwortlich, beim Bürger Neidkomplexe gegenüber den Unternehmern zu erwecken oder ihm vorzugaukeln, man könne durch geringere Leistung, weniger Arbeit und kürzere Arbeitszeit ein immer besseres Leben auf dieser Erde führen. Der Fortschritt kommt von der Leistung. Und der Erfolg kommt vom Können.

Gerade die mittelständischen Unternehmer fordern schon lange zu Recht, daß

- Steuergesetzgebung,
- Sozialgesetzgebung,
- Tarifabschlüsse und
- Ausbildungsvorschriften

nicht länger mittelstandsfeindlich geplant und durchgeführt und vom Mißtrauen den Fähigkeiten und dem guten Willen der Unternehmer gegenüber bestimmt sein dürfen. Die Insolvenzwelle der letzten Jahre sollte uns zu denken geben!

In meiner Regierungserklärung vor dem Bayerischen Landtag habe ich am 14. November 1978 angekündigt, daß die Staatsregierung ihre Mittelstandspolitik auf der Grundlage des Bayerischen Mittelstandsförderungsgesetzes von 1974, das bekanntlich beispielhaft für andere Länder in der Bundesrepublik wurde, folgerichtig weiterentwickeln wird:

- Zur Gründung selbständiger Existenzen werden neben günstigen Finanzierungshilfen zusätzliche Möglichkeiten der Information und Beratung gegeben.
- Die Bemühungen der bayerischen Wirtschaft um Auslandsmärkte werden weiterhin unterstützt. Besonders auch der mittelständischen Wirtschaft soll der Zugang zu den internationalen Märkten, vor allem nach dem europäischen Süden und Südosten, erleichtert werden.
- Beratung auf außerwirtschaftlichem Gebiet und Messe-

beteiligungen werden verstärkt gefördert werden.

- Verstärkter internationaler Wettbewerb und weltweiter Strukturwandel verlangen von den Unternehmern ständig die Entwicklung neuer Produkte und neuer Produktionsverfahren. Mittelständische Unternehmen sollen besseren Zugang zu neuen technischen Verfahren und den Informationen erhalten, auf deren Grundlage neue Produkte und Verfahren entwickelt werden können.

Die finanziellen Risiken der Innovation müssen durch eine entsprechende Steuerpolitik des Bundes auch für kleine und mittlere Unternehmen tragbar gemacht werden. Im Rahmen ihrer Forschungsförderung und ihrer Innovationspolitik wird die Staatsregierung ein Förderinstrumentarium und eine wirksame organisatorische Struktur zur Vermittlung dieses Wissens aufbauen. Bayern soll auch in Zukunft ein Land des technisch-wissenschaftlichen Fortschritts und der Innovation bleiben.

Die Staatsregierung wird darauf hinwirken, daß das Wettbewerbsrecht in Zukunft den Erfordernissen kleinerer und mittlerer Unternehmen stärker gerecht wird als bisher, vor allem durch Sicherung eines Leistungswettbewerbs mit gerecht verteilten Chancen.

Die Bereitschaft, unternehmerisches Risiko zu tragen, darf nicht länger bestraft werden – es gilt vielmehr, sie angemessen zu belohnen.

So weit darf es nicht kommen, daß das vom Unternehmer eingesetzte Kapital eine geringere Rendite bringt als etwa die risikolose Geldanlage auf der Bank.

In der Bundesrepublik Deutschland muß der Wille zur Selbständigkeit wieder gestärkt werden. Die gesellschaftspolitische Agitation linksradikaler »Bilderstürmer« und eine damit Hand in Hand gehende Politik der »kleinen

Schritte« hat nicht die Großbetriebe getroffen, sondern den Mittelstand materiell und psychisch geschwächt.

Es darf nicht zur Regel werden, daß die Arbeitszeit des Unternehmers über 60, die des Arbeitnehmers 35 Wochenstunden oder weniger beträgt. Diese Entwicklung bedeutete schließlich, daß eine Gruppe immer mehr arbeitet, damit die anderen immer weniger arbeiten dürfen.

Diejenigen, die die Einführung der 35-Stunden-Woche fordern, jonglieren gewöhnlich mit der Zauberformel, eine Wochenarbeitsstunde weniger für die jetzt Beschäftigten bedeutete für rund 600000 Arbeitslose einen Arbeitsplatz. Das heißt doch die Probleme des Arbeitsmarkts wie ein Rechenexempel angehen. Wer die Lage auf dem deutschen Arbeitsmarkt etwas genauer anschaut, erkennt bald das große Mißverhältnis zwischen Angebot und Nachfrage: Heute können trotz einer Million Arbeitsloser viele Unternehmer ihren dringenden Bedarf an qualifizierten Facharbeitern gar nicht decken. Die Hauptmasse der Arbeitslosen bilden nämlich ungelernte Arbeitskräfte, Frauen und Angestellte im Dienstleistungsbereich.

Von nicht zu unterschätzender Bedeutung ist es auch, ob die Arbeitszeitverkürzung ohne Lohnausgleich oder mit Lohnausgleich erfolgen soll. Von den meisten Gewerkschaften wird ersteres rundweg abgelehnt, letzteres bedeutet eine zusätzliche Kostenbelastung, damit eine weitere Beeinträchtigung des Wettbewerbs und der Investitionsfähigkeit unserer Wirtschaft, und dadurch eine Gefährdung der bestehenden Arbeitsplätze. Die Bundesrepublik Deutschland hat in der Zwischenzeit in den Lohn- und Lohnnebenkosten den Spitzenplatz auf der Weltskala erreicht. Darin ist einer der Hauptgründe für die bestehende Dauerarbeitslosigkeit zu sehen.

Auf den Unternehmern lastet zudem die schwere Hand des staatlichen Vormunds: Es ist unzumutbar, wie weit die Unternehmen mehr und mehr zu Außenstellen staatlicher Bürokratie gemacht worden sind. Sie haften nicht nur für den Abzug von Lohnsteuer und Sozialversicherungsabgaben, sie haben darüber hinaus eine Fülle von Berichts- und Belegvorhaltungsverpflichtungen über eine lange Zeitspanne. Gerade die Mittel- und Kleinbetriebe sind zeitlich und organisatorisch überfordert, wenn sie fortgesetzte Meldungen, Abrechnungen, Übersichten und Erhebungen kompliziertester Art für Behörden und Dienststellen zu fertigen haben. Nach einer kürzlich vorgelegten Untersuchung betragen die Bürokratisierungsunkosten in Unternehmen durchschnittlich 2 Prozent des Umsatzes. In kleinen und mittleren Unternehmen wird gelegentlich sogar die 3-Prozent-Marke überschritten.

Die IHK Koblenz hat festgestellt, daß mehr als 38 Behörden das Recht haben, von den Unternehmen Daten und Auskünfte zu erhalten. Auch hierin drückt sich grundsätzliches Mißtrauen des Staates gegen selbständiges, eigenverantwortliches Wirtschaften aus. Diese obrigkeitsstaatlichen Relikte und bürokratischen Ladenhüter haben in einer freiheitlichen Ordnung nichts zu suchen, weder auf nationaler, noch auf europäischer Ebene.

Es nimmt nicht wunder, wenn staatliche Fördermittel für Innovationen und Entwicklungsprojekte von Klein- und Mittelbetrieben oft nicht abgerufen werden, weil der Papierberg den Blick auf die Förderlandschaft versperrt. Daß dadurch Wettbewerbsfähigkeit, Sicherung der Arbeits- und Schaffung der Ausbildungsplätze erschwert werden, liegt auf der Hand.

Und schon scheint der Beweis erbracht für die angebliche

Unfähigkeit oder den angeblichen Unwillen einzelner Unternehmen, genügend Ausbildungsplätze zur Verfügung zu stellen. Dies ist Anlaß genug, wieder einmal das Arsenal planwirtschaftlicher Wunderwaffen zu öffnen und etwa drohend die Keule Ausbildungsplatzabgabe zu schwingen oder die Falle Investitionsmeldestellen als verkappte Vorstufen öffentlicher Investitionsplanung, -lenkung und -kontrolle zu stellen. All dies hat jedoch mit Sozialer Marktwirtschaft nichts mehr zu tun.

Vor mehr als 30 Jahren haben wir in der Bundesrepublik Deutschland die Soziale Marktwirtschaft

- eingeführt im Frankfurter Wirtschaftsrat,
- dann weiter ausgebaut im Deutschen Bundestag.

Die Soziale Marktwirtschaft hat unserem Volk

- einen noch nie dagewesenen materiellen Wohlstand,
- ein tragfähiges Netz sozialer Sicherheit,
- die Möglichkeit großzügiger materieller Hilfe für die unterentwickelten und armen Länder gebracht.

Diese Soziale Marktwirtschaft als unverzichtbarer Teil in unserer freiheitlichen Ordnung wird zunehmend in Frage gestellt – nicht nur bei uns in der Bundesrepublik Deutschland. Die Auseinandersetzung um ihren Bestand muß offensiv geführt werden – im Interesse einer freiheitlichen Entwicklung in der Bundesrepublik Deutschland und in Europa. Die besseren Argumente und die überzeugenderen Ergebnisse sprechen für die Soziale Marktwirtschaft, und das Ringen um sie geht alle an, Arbeitnehmer wie Unternehmer. Die Marktwirtschaft und damit die Freiheit haben eine Chance, wenn wir alle überzeugt für sie eintreten. Es gilt, jenen Wagemut zu zeigen und in anderen zu wecken, der seit jeher das Kennzeichen echten Unternehmergeistes ist.

In Sorge um ein freiheitliches Gesundheitswesen

Das Gesundheitswesen der Bundesrepublik steht unter denen aller Kultur- und Zivilisationsstaaten der Erde auf einem beachtlich hohen Niveau. Es hat sich bewährt und wird von der Bevölkerung anerkannt und getragen. Ein ideales System gibt es nirgends, auf keinem Gebiete, weder bei uns noch anderswo. Die Frage ist nur, welches System am besten funktioniert, am freiheitlichsten ist und am meisten den Bürgern dient. Das Gesundheitswesen ist ein fester Baustein in der Architektur unseres Staates aus freiheitlichem Rechtsstaat, parlamentarischer Demokratie, föderalistischem Staatsaufbau und Sozialer Marktwirtschaft und kann aus diesem Organismus nicht herausoperiert und Sonderbelastungen unterworfen oder mit Sonderprivilegien ausgestattet werden. Es ist hineinverflochten in den Strom der politischen, gesellschaftlichen, geistigen und sozialen Entwicklungen und Verwicklungen. Die Bundesrepublik und Mitteleuropa gehen bis Mitte der achtziger Jahre in einen entscheidenden Abschnitt ihrer Nachkriegsgeschichte hinein. Aller Voraussicht nach wird auch das Europäische Parlament, dessen gesetzgeberische Befugnisse vorerst nicht größer sein werden als die des mittelbar gewählten Parlaments, auf dem Gebiete der gesellschaftlichen Entwicklung Europas, der großen geistigen Grundlinien und Grundströmungen ein beachtliches und nach meiner Überzeugung in seinem Gewicht noch wachsendes Wort mitzureden haben.

Die Krisenanfälligkeit Mitteleuropas muß auch ein Signal dafür sein, die Versorgung unserer Bevölkerung in Katastrophenfällen sicherzustellen. Das geht weit über die Frage der Sicherung unserer Energie- und Rohstoffversorgung hinaus. Dazu gehört allerdings die Pflicht der Verantwortung besonders für die Massenmedien, sich hier ihrer Grenzen und ihrer Aufgaben bewußt zu sein, und nicht durch Überschriften und knallige Texte zur Steigerung der Auflage und zur Vermehrung des kommerziellen Erfolges die Bevölkerung von einer Unruhe in die andere zu stürzen. In einem freiheitlichen Staatswesen darf nichts dem Bürger vorenthalten werden, es seien denn ganz eng umrissene Geheimnisse der Staatssicherheit.

Ich halte es im Zusammenhang mit dem Stichwort der Katastrophenversorgung für an der Zeit, daß die Bundesregierung endlich ein Gesundheitssicherstellungsgesetz vorlegt, das zwar wirkungsvoll, aber nicht mit perfektionistischen Einzelregelungen überfrachtet ist und dessen Ausführung vor allem nicht mit einer Fülle von Verordnungen und Verwaltungsvorschriften bis zum Versiegen jeder Vernunft vorbelastet ist.

Dazu kommen innereuropäische Fehlentwicklungen, die besonders die freien Berufe und damit auch Teile der Ärzteschaft treffen: die Bürokratisierung, die Perfektionierung der Vorschriften bis ins Unvollziehbare, die Belastung mit Statistiken und Meldepflichten und die finanzielle Einengung. Es ist keine Übertreibung, daß heute die Summe der Rechtsvorschriften in den einzelnen Disziplinen ein solches Ausmaß erreicht hat, daß kein vollziehender Beamter mehr sämtliche Vorschriften voll erfassen kann, er wendet sie deshalb häufig selektiv an, so daß der von den Vorschriften Betroffene sich kaum dagegen wehren kann.

Denn eine Vorschrift trifft immer auf seinen Fall, und so wird das summum ius wirklich zur summa iniuria.

Mit dieser Entwicklung laufen parallel die Versuche einer schrittweisen Veränderung unserer Gesellschaftsordnung. Die deutsche Ärzteschaft hat in dem ideologischen Trommelfeuer in den letzten Jahren sowohl ihre leidvollen Erfahrungen gemacht als auch beispielhafte Zähigkeit bewiesen. Dabei ging es nicht in erster Linie um die Verteidigung oder Aufbesserung ihrer Einkommen. Das Gesundheitswesen darf weder ein Jagdrevier zur Treibjagd gegen Ärzte noch ein Naturschutzpark für diejenigen sein, die drin sind, mit einem Stacheldrahtzaun gegen die, die draußen stehen. Unsere Ärzte wollen keine »Halbgötter in Weiß« sein. Die Ärzteschaft ist aber auch nicht das Lasttier der Nation und die Zielscheibe ständiger Nörgelei. Wenn man von Demokratisierung der Gesellschaft spricht, dann soll man die Dinge sorgfältig voneinander trennen: Das Wort Demokratisierung der Gesellschaft und ihrer Einrichtungen hat viel Verwirrung angerichtet. Wenn mit Demokratisierung gemeint ist, daß zum Beispiel diktatorische Staaten einen Prozeß einleiten, dessen Ziel ein parlamentarisch-demokratischer Rechtsstaat ist, dann kann man dazu stehen.

Wenn man aber meint, daß man fachliche Kompetenz und persönliche Autorität ersetzen kann durch Paritätsfragen und durch sterile Gleichheitsregelungen, dann wäre das mit einer zunehmenden Ineffizienz unserer gesellschaftlichen Einrichtungen und damit auch unserer Krankenhäuser und anderer Institutionen gleichbedeutend.

Ich habe die Sorge, daß wir vor einer massiven Verschlechterung unseres hochwertigen Gesundheitswesens stehen, wenn wir nicht gegensteuern. Vorhandene punktuelle Mängel, Widersprüche und Lücken werden dazu mißbraucht, das System selbst in Frage zu stellen und von hinten her aufzurollen. Im Mittelpunkt einer freiheitlichen Gesundheitspolitik muß auch die Eigenverantwortung des Bürgers stehen. Es ist die Aufgabe der Gesundheitspolitik, sie zu schützen und dort, wo die Kraft dazu schwindet, sie zu unterstützen.

Zur freiheitlichen Struktur unseres Gesundheitswesens gehören:

- Die freie Arztwahl des Patienten,
- die Niederlassungsfreiheit für den Arzt,
- das Nebeneinander von öffentlichen, freigemeinnützigen und privaten Krankenhäusern,
- eine gegliederte soziale Krankenversicherung mit Selbstverwaltung der Beteiligten und
- private Versicherungen.

Staatliche Gesundheitspolitik kann nur in der Bereitstellung der Rahmenbedingungen für die Vorbeugung, Erkennung, Heilung, Linderung und Rehabilitation von Krankheiten bestehen. Jede Monopolwirtschaft durch staatliche Träger, die soziale Krankenversicherung oder Teile der Ärzteschaft ginge letzten Endes zu Lasten der Patienten, Ärzte und Studenten.

Der Endzustand wäre ein verstaatlichtes oder vergesellschaftetes Gesundheitswesen mit dem Arzt als Funktionär einer Gesundheitsbürokratie und dem Patienten als Nummer im Kollektiv.

Wir erleben seit zehn Jahren eine Reformneurose und eine Programminflation in der Gesundheitspolitik bei Parteien und Regierungen, Gewerkschaften und Unternehmern, berufenen und selbsternannten Experten. Alles wird in der Absicht oder mit dem Vorwand der Verbesserung des Gesundheitswesens gerechtfertigt. Es entsteht der Eindruck, daß im Quadrat des Abstandes zum Gesundheitswesen die selbstangemaßte Legitimation steigt, einen kritischen Beitrag zur Systemveränderung zu liefern.

Wenn man diese Programme durchblättert, stößt man geradezu auf eine flagellantische Lust an Kontrolle, Kommissionen, Überprüfungen, Verhinderungen, Kürzung, Selbstbeschränkung, Investitionslenkung, Dirigismus, Vereinheitlichung und Aufsichtsgremien. Immer wieder ist von dem Erfordernis neuer Überprüfung die Rede.

Eine weitere Last für unser Gesundheitswesen ist die Manie gewisser politischer Gruppierungen, immer wieder neue Randgruppen in unserer Gesellschaft zu entdecken, sie zu Mitleidsgruppen zu machen, auf die sich dann der Staat oder gesellschaftliche Einrichtungen mit ihrer geballten Sozialpotenz stürzen können. Dabei ist besonders makaber, daß sich die regierungsamtlichen Täter selbst zum Sozialvormund und Retter ihrer Opfer ernennen. Die Aufbürdung der sachfremden Kosten der »Reform« des § 218 auf die gesetzliche Krankenversicherung ist nur ein Beispiel.

Unser Sozial- und Bildungsstaat ist an die Grenzen der Belastbarkeit gestoßen.

Wir stehen angesichts eines verminderten Wirtschaftswachstums und höherer Preissteigerungsraten sowie schwerwiegender gesamtwirtschaftlicher Probleme vor der Frage: Wieviel an sozialer Sicherheit, wieviel an gesundheitlichen Dienstleistungsangeboten sind auf alle Fälle notwendig? Wenn ich das Wort notwendig erwähne, dann im ursprünglichen, philologischen Sinn des Wortes: notwendig ist etwas, was die Not wendet. Deshalb soll man das Wort notwendig nicht inflationär gebrauchen. Politik ist die Kunst des Möglichen. Politik ist aber die Kunst, das Notwendige möglich zu machen. Politik ist die Gabe der Selbstbeschränkung, den Begriff »notwendig« nicht nach den Maßstäben persönlichen Ehrgeizes auszulegen. Deshalb ist eine nüchterne Prüfung der Frage notwendig, wieviel an sozialer Sicherung und an Gesundheitsleistungen finanzierbar ist.

Finanzierbar ist vieles, aber nicht alles. Was ist finanzierbar? Dabei geht es um die Frage: Was ist auf diesem Gebiet finanzierbar, sei es auf dem Wege über Steuern, sei es auf dem Wege von Abgaben, ohne daß der Widerstand der Bürger gegen die zunehmende Verminderung der Verfügungsquote an ihrem Arbeitseinkommen spürbar wird? Diese Frage wird sich bei einem weiteren Bevölkerungsschwund in der Bundesrepublik mit einer von Jahr zu Jahr dringender werdenden Unabweisbarkeit stellen.

Ich weiß, daß einen das Aufwerfen dieser Frage schon verdächtig macht, man wolle den Sozialstaat »demontieren«. Niemand will ihn demontieren, ich schon gar nicht. Aber man muß mit der wohlfahrtsstaatlichen Lebenslüge aufräumen, wonach das dicht geknüpfte Netz der sozialen Sicherung ein Eigenleben führe, unabhängig vom Auf und Ab der Wirtschaftsentwicklung, der Investitionstätigkeit und einer funktionierenden Finanz- und Wirtschaftspolitik. Sie sind die Grundlagen sozialer Sicherheit.

Wir stehen hier vor einer ebenso unausweichlichen wie schwierigen Gratwanderung. Denn das Gesundheitswesen und insbesondere das Krankenhauswesen können nicht in voller Schärfe einer Nutzen-Kosten-Analyse unterworfen werden. Schmerz und Leid, Hoffnung und Verzweiflung dürfen nicht in Zahlen berechnet werden. Blinde finanzwirtschaftliche Eingriffe des Staates gefährden die humane Dimension des Krankenhauses ebenso wie der bürokratische Perfektionismus in der Bewilligung der Mittel für seine Ausgestaltung. Denn der Mensch ist dem Krankenhaus in einer seelischen Ausnahmesituation anvertraut. Er hat Anspruch auf einen leistungsfähigen, nicht aber auf einen abgehetzten Arzt.

Die Bundesrepublik ging ab 1972 mit drei Gesetzen in drei Schritten ein Stück in Richtung Dirigismus: Es waren

- 1972 das Krankenhausfinanzierungsgesetz mit dem gegenwärtigen Änderungsentwurf (KHG), der einer sehr genauen Prüfung durch Bundestag und Bundesrat bedarf,
- 1976 das Krankenversicherungs-Weiterentwicklungsgesetz (KVWG) und
- 1977 das Krankenversicherungs-Kostendämpfungsgesetz (KVKG).

Die Krankenhausfinanzierung ist ein Bilderbuchbeispiel für überzogene Bürokratisierung, Dirigismus und Investitionslenkung.

Die mangelnde Beweglichkeit der Bundesregelung hat zur Kostenexplosion im Krankenhauswesen maßgeblich beigetragen. Auf der anderen Seite zieht sich die Bundesregierung aus der Finanzhilfe für die Errichtung von Krankenhäusern Stück für Stück zurück. Aus der ursprünglich versprochenen, aber nicht eingehaltenen Drittelbeteiligung wurde seit 1977 ein sinkender Prozentsatz. Während der Neubauplafond des Bundes, der Preisentwicklung hinterherhinkend, bis 1976 auf 404 Millionen DM anstieg, sank er bis 1979 auf 213 Millionen DM ab. Der Wert dieser Bundesfinanzhilfen ist damit unter Berücksichtigung der Preisentwicklung real auf 45 Prozent des Betrages von 1976 abgesunken. In Bayern schrumpfte der Bundesanteil am Krankenhausbau von 1976 bis 1978 von einem Siebentel auf ein Neuntel.

Das bundesgesetzlich vorgeschriebene komplizierte Förderungsverfahren und die Versuche Bonns zur Kompetenzausweitung und zentralen Planung schaffen ein Netz von investitionshemmenden Vorschriften in Reinkultur, mit einem Vorschriftendickicht aus Krankenhausbedarfsplan, Jahreskrankenhausbauprogramm, fachlichen Prüfungsverfahren mit Vorprüfung und fachlicher Prüfung, mit der Einschaltung einer Fülle von, meist gleichen, Behörden, Ausschüssen, Körperschaften. Es ist am besten, wenn jeder, der ein Krankenhaus bauen oder umbauen will, zugleich eine psychiatrische Abteilung mitbeantragt, in die er sich nach dem Bau selbst einweisen lassen kann.

Deshalb ist die Bayerische Staatsregierung der Auffassung, daß die wirtschaftliche Sicherung der Krankenhäuser vom Bund wieder auf die Länder zurückübertragen werden sollte. Dies wäre bei einer entsprechend verbesserten Finanzausstattung der Länder etwa über eine Erhöhung ihres Umsatzsteueranteils möglich.

Für das Krankenhauswesen in einer freiheitlichen Gesellschaft gelten:

- Leistungsfähigkeit bei größtmöglicher Bürgernähe und größtmöglicher Trägerfreiheit auch beim Vollzug des Bundesrechts,
- Trägerpluralität kommunaler, freigemeinnütziger und privater Krankenhäuser,
- Gleichrangigkeit aller Trägergruppen.

Für den Bürger sollen Einrichtungen vorhanden sein, die eine überschaubare Größe haben und in zumutbarer Entfernung liegen. Ziel kann nicht allein der technisch perfekte Klinikbetrieb sein. Auch das Krankenhaus muß Bürgernähe und Menschlichkeit bewahren. Wir müssen Rücksicht darauf nehmen, daß viele, besonders ältere Menschen, häufig an Krankheiten leiden, die nicht eine Behandlung auf dem letzten Stand der medizinischen Technik in den Großkliniken erfordern, sondern daß diese Kranken nach psychosomatischen Grundsätzen behandelt werden müssen. Ihre seelische Gesundung ist ein wesentlicher Faktor auch für ihre physische Gesundung.

Deshalb sollte man sich gern als rückständig schelten lassen, wenn man Maßstäbe anwendet, die zwar von karriesüchtigen Reformern nicht als ideal angesehen werden, die aber wahrscheinlich mehr Menschlichkeit gewährleisten als ein überperfektes Krankenhaus.

Mit 100 Milliarden DM Anlagevermögen, mit einem Jahresumsatz von 35 Milliarden DM und mit über 700 000 Beschäftigten stellen die Krankenhäuser in der Bundesrepublik einen Wirtschaftsfaktor ersten Ranges dar. Auch für Kliniken müssen deshalb, wenn auch in eingeschränktem Umfang, die vier großen Freiheiten der Marktwirtschaft gelten: Die Freiheit der unternehmerischen Investitionsentscheidung, das Recht auf Privateigentum am Produktionsmittel, die Freiheit der Wahl des Arbeitsplatzes, die Freiheit in der Entscheidung über den eigenen Verbrauch, d. h. hier der Benutzung. Zur Freiheit gehört auch eine gewisse Angebotselastizität.

Dies sollte man bei der Errechnung eines etwaigen Bettenbergs mit dem Ziel seines Abbaus berücksichtigen. Wir erleben immer wieder zwei konträre Extremsituationen: Entweder steht drohender Mangel vor der Tür, oder es ist von einem Überfluß die Rede. Ich habe noch nie erlebt, daß wir für längere Zeit das Glück hatten, in einer Normalsituation leben zu dürfen.

Der Bettenbedarf mag zwar in statistisch einwandfreier Methode am grünen Tisch errechnet werden. Die Wirklichkeit sieht oft anders aus.

Das Ziel der gegenwärtigen Konjunkturpolitik besteht darin, Arbeitsplätze zu schaffen und Investitionen zu fördern oder vorzunehmen, nicht aber solche zu vernichten und vorzuenthalten. Der hochinvestive Bereich des Krankenhauswesens darf um so weniger eine Ausnahme bilden, als die zwölf Konjunkturprogramme der Bundesregierung seit 1973 mit rund 34,6 Milliarden DM ohnehin spurlos am Krankenhausbau vorbeiliefen. Nicht nur in Bayern sollte die Politik für die strukturschwachen Gebiete vom sogenannten Vorhalteprinzip ausgehen. Dies ist das genaue Gegenstück zur passiven Sanierung. Die Teilnahme aller Gebiete der Bundesrepublik am gesamtwirtschaftlichen, kulturellen und sozialen Fortschritt, auch der wirtschaftlich schwächeren Landesteile, setzt die Bereitstellung von Infrastruktureinrichtungen auch dann voraus, wenn sie auf mittlere Frist manchmal nicht voll ausgelastet sind. Das Gesundheitswesen als der lebenswichtigste Teil der Infrastruktur kann davon nicht ausgeklammert bleiben.

Die Gesundheitspolitik ist ein selbständiger Teil der Gesamtpolitik neben der Sozialpolitik, allerdings mit einer langen Berührungslinie zu ihr. Gesundheitspolitik ist ein Querschnittsfach aus Sozial-, Bildungs-, Arbeitsmarkt-, Berufs-, Finanz- und auch Familienpolitik.

Die Bundesrepublik ist zum geburtenschwächsten Land der Erde mit allen nachteiligen Konsequenzen geworden. Es wäre deshalb eine Schizophrenie, einerseits in breiter Front in der Familienpolitik gegen den Bevölkerungseinbruch anzukämpfen und für eine Verbesserung des generativen Verhaltens der Bevölkerung viele Maßnahmen zu ergreifen, aber in der Krankenhauspolitik für die gleiche zeitliche Zielstrecke vom Bevölkerungsschwund, also von der Erfolglosigkeit des eigenen Bemühens auszugehen.

Auch hier sollte eine mittlere Linie eingehalten werden.

Unvereinbar mit einem freiheitlichen Gesundheitswesen sind eine totale Investitions-, Bedarfs- und Berufslenkung, Zwangsbewirtschaftung und Rationalisierung. Die exakte Berechnung bis zum letzten Bett, zum letzten Arzt, zum letzten Studenten, dazu noch in der regionalen Aufschlüsselung als ausschließliche Grundlage der Politik, wäre die Kapitulation vor dem Zwangsverwaltungsstaat.

Die Bayerische Staatsregierung hat frühzeitig und wider den angeblichen Zeitgeist den Zusammenhang zwischen Bildungswesen und Arbeitsmarkt berücksichtigt und daher auch die Grenzen gesehen, die einer uferlosen Akademisierung gesetzt sind.

Es trifft nicht zu, daß wir in Deutschland eine allgemeine ärztliche Unterversorgung haben. Das Netz der ambulanten ärztlichen Versorgung ist leistungsfähig. Dennoch ist die Lage bei den Allgemeinpraktikern, in einigen Facharztbereichen, auf vielen Berufsfeldern und in mancher Region, auch in Teilen von Großstädten, aber auch bei gewissen Heilhilfsberufen, auf geraume Zeit noch angespannt. 1970 trafen noch drei Allgemeinärzte auf zwei Fachärzte, 1977 war das Verhältnis fast 1:1.

Bis 1974/75 waren Programme zur Verbesserung der ärztlichen Versorgung heiße Themen der Politik. Anfang 1977 schlug der Zeitgeist plötzlich um und weht seitdem aus einer anderen Richtung. Ich habe noch nie etwas von der Mode des Zeitgeistes gehalten. Wir sollten deshalb nicht unbedingt steigende Ärzte- und Studentenzahlen als Katastrophennachricht oder Sondermeldung betrachten und in Panik und Dramatisierung verfallen.

Nach den schlechten Erfahrungen, die man mit Bildungsplanung, Bildungsökonomie und Bildungsstatistik gemacht hat, und nach dem Fehlschlag der meisten Konjunkturprognosen müssen Tatbestände gesehen werden:

- Die Überlastung unserer niedergelassenen Ärzte mit 60 bis 70 Stunden wöchentlicher Arbeitszeit,
- die Überbeanspruchung unserer Klinikärzte mit einer Überstundenzahl, für die Freizeitausgleich meist unmöglich ist und finanzielle Vergütungen ständig auf Schwierigkeiten stoßen,
- die Intensität, der Zeitdruck und Zeitmangel

bei ihrer Arbeit sind in einer Gesellschaft ein Ärgernis, in der die Freizeit bereits zur langweiligen Selbstverständlichkeit geworden ist.

Wenige Menschen müssen bereits heute immer mehr arbeiten, damit mehr Menschen immer weniger zu arbeiten brauchen. Man spricht von einem Abbau der Lebensarbeitszeit und von einem Abbau der Wochenarbeitszeit – hierbei sollte man den Ärzten das Mindestmaß sozialer Errungenschaften eröffnen, die andere für selbstverständlich halten. Es gibt heute eigenartige Entwicklungen: Lohnerhöhungen stehen nicht mehr mit derselben Dringlichkeit als Nummer 1 auf der Themenliste. Der Wunsch, weniger zu arbeiten und mehr vom Leben zu haben, setzt sich immer stärker gegenüber dem Erwerbsstreben durch. Dazu trägt auch die steigende Abgabenbelastung der Leistung bei. Je mehr die Leistung mit Abgaben belastet wird, desto mehr schwindet der Anreiz, eine größere Leistung zu erbringen. Mehr Urlaub mit Urlaubsgeld, mehr Freizeit, mehr persönliche Selbstentfaltung außerhalb des beruflichen Lebens sind die unvermeidlichen Ausweichbewegungen gegenüber dieser Erscheinung.

- In keinem vergleichbaren akademischen Beruf ist das Durchschnittsalter höher als bei den Kassenärzten, mit

Ausnahme der katholischen Geistlichen. In Bayern sank es bei den Kassenärzten zwischen1972 und 1978 nur von 53,2 auf 51,0 Jahre.

– In keinem einzigen Beruf ist die Erwerbsquote oberhalb des 65. Lebensjahres so hoch. Sie betrug zum Beispiel in Bayern 1977 in der Altersklasse zwischen 70 bis 74 Jahren noch 47,8 Prozent. Das sind gerade aus der Sicht der Ärzteschaft alarmierende Zahlen. Soziale Gerechtigkeit und Marktgleichgewicht haben sich hier offensichtlich noch nicht ausgewirkt. Hier bieten sich ideale Einbruchstellen für eine Systemveränderung an.

Ohne Wertung sollen einige Widersprüche im Zeitablauf der Politik aufgezeigt werden:

Nach dem Bildungsbericht 1970 der Bundesregierung sollten 1980 25 Prozent jedes Geburtsjahrgangs studieren. Im gleichen Jahre beschloß man eine Approbationsordnung, zugeschnitten auf 4000 bis 5000 Studienanfänger. Wenn man zum Beispiel den Altersjahrgang 1960 mit 968 000 Geburten nimmt, wären das insgesamt 242 000 Studenten, davon aber nur 1,99 Prozent Studienanfänger der Medizin. Entweder war das eine richtig oder das andere. Beides zugleich kann nicht richtig sein.

Es ist eine Tatsache, daß sich die absolute Zahl der Medizinstudenten im Vergleich zu anderen klassischen akademischen Berufen wie den Rechts- oder Naturwissenschaften weit unterproportional erhöhte und der prozentuale Anteil der Studenten der Humanmedizin an allen Studenten seit 1960 zurückgegangen ist. Er hat sich seit Jahren bei etwa 8 Prozent eingependelt.

Ein weiterer Widerspruch: Vor Jahren versprachen die Reformeuphoriker noch die Abschaffung des Numerus clausus; 1979 erklärt sich auch die Bundesregierung für ein

Einfrieren der Studienanfängerzahlen in Medizin bei 11 000. Dies geschieht wenige Jahre, nachdem sich Bundeskanzler Schmidt am 16. Dezember 1976 fernseh- und pressewirksam für die baldige Abschaffung des Numerus clausus auf allen Gebieten ausgesprochen hatte. Es bedarf eines Gewaltaktes an Logik, wie gerade aus einem Bereich ein Überschuß herausquellen und das Gespenst der Arbeitslosigkeit drohen soll, der als erster und bedeutendster seit Anfang der sechziger Jahre der gnadenlosesten Rationierung unterworfen wurde und bei dem erst 30 Jahre nach Beginn unseres Wirtschaftswunders Entlastung in Sicht ist.

Man sollte sich nicht täuschen lassen, die Ergebnisse dieser Politik wären zwar die gleichen, ihre Motive sind aber gegensätzlich und unvereinbar. Ist es die Angst davor, den Multiplikatoren-Beruf des Arztes weiter zu verprellen, ist es die Ebbe in den Kassen oder der Versuch, durch Steuerung des Ärzteangebots, Rationierung der Studienplätze, Investitionslenkung in der Krankenhausplanung und Möglichkeiten der Bedarfslenkung allmählich zu einer Systemveränderung zu kommen?

Bisher haben sich alle Prognosen und Dichteziffern, alle Zahlenreihen hinein in die Zukunft als Astrologie oder Futurologie erwiesen. Sie wurden durch die Wirklichkeit regelmäßig widerlegt. Anstelle der Diskussion um die Herabsetzung der Studienanfängerzahl auf die Hälfte oder, wie es von der SPD seit 1979 verlangt wird, auf ein Drittel, scheint es mehr das Hauptproblem zu sein, daß nicht durch den Numerus clausus die Falschen zu Ärzten ausgebildet werden.

Die Selbstregulierung von Angebot und Nachfrage in einer freiheitlichen Gesellschaft hat sich stets der Mangelverteilung als überlegen erwiesen.

Die Bundesregierung hätte es sich ersparen können, 1979 per Zeitungsinserat kostspielige Forschungsaufträge über den Ärztebedarf auszuschreiben. Es zeigt sich, daß das Gesetz von Angebot und Nachfrage auf dem Arbeitsmarkt durch beschönigende und einebnende Bildungsideologien nicht außer Kraft gesetzt werden kann.

Eine verantwortungsvolle Politik sollte überall nach dem Grundsatz handeln, daß der Bildungsstand und die wirtschaftliche Wettbewerbsfähigkeit einer Nation nicht nur von der Zahl der Abiturienten und Akademiker abhängen.

Wir dürfen aber heute nicht die Augen davor verschließen, daß sich unter Teilen unserer Jugend Orientierungslosigkeit, Angst und Unsicherheit über die eigenen Zukunfts- und Lebenschancen ausgebreitet haben.

Die Rückstoßwirkung des Numerus clausus hinein in die weiterführenden Schulen ist einer der Gründe für den sogenannten Schulstreß.

Zum Thema der ärztlichen Ausbildung ist aus politischer Sicht zu bemerken, daß die theoretische Einheitsausbildung offenbar ein ausweitungsfähiges Modell sein soll: Bei den Medizinern ist sie bereits verwirklicht, bei den Juristen ist sie im Versuchsstadium, den Lehrern wird sie vorsichtig schmackhaft gemacht.

Es ist eine ideologisch verursachte Irrlehre, von der Hochschule als einer Mischung aus Berufsschule und Forschungsgemeinschaft gleichermaßen wissenschaftlich geschulte und praktisch geübte, am Tage nach dem Examen voll berufsfertige junge Menschen wie aus einem Fabrikbetrieb ausstoßen zu wollen.

Auch im Zeitalter visionärer Reformerleuchtungen entspricht es dem Lebensrhythmus und der geistigen Entfaltung des jungen Menschen am besten, wenn sich an einen

Abschnitt mit der Vermittlung der wissenschaftlichen Theorie als Überleitung in den Beruf eine Phase der Einübung der praktischen Fertigkeiten anschließt. Sonst entsteht ein Produkt ohne Theorie und ohne Praxis, eine Mischung aus Anspruchserwartung und Unzufriedenheit. Wir brauchen nicht den Lehrer als Konflikttheoretiker, den Juristen als Sozialingenieur und den Arzt als Medizinfacharbeiter.

Daß der Zahlenrausch aus mehr Bauinvestitionen, Planstellen und Studienplätzen nicht das Alleinseligmachende ist, beweist die Generation, die unmittelbar vor, in und nach dem Krieg unter heute unvorstellbaren Bedingungen und Entbehrungen, ohne Honnef und BAföG, aber mit einer wahren Leidenschaft studierte.

Diese Generation hat unseren freiheitlichen Staat mit seinem Massenwohlstand, den Mitwirkungs- und Aufstiegsmöglichkeiten, seinen sozialen Sicherungen und seinem hochstehenden Gesundheitswesen aufgebaut. Das sind die Ärzte, die heute als Praktiker in den Städten und auf dem Lande, als leitende Ärzte in den Kliniken, als Hochschullehrer und in der Verwaltung unser Gesundheitssystem tragen, verteidigen und verbessern.

Die deutsche Ärzteschaft ging in ihrer überwältigenden Mehrheit bis heute unbeirrt einen geraden Weg durch die Mitte, in Standhaftigkeit gegenüber standespolitischer Versuchung und im Widerstand gegenüber ideologischer Systemveränderung.

Diese klare Haltung und dieses entschiedene Eintreten der deutschen Ärzteschaft für das freiheitliche Gesundheitswesen in der Bundesrepublik sind seine stärksten Stützen für die Zukunft.

Öffentlich-rechtliche Kreditinstitute dienen dem Gemeinwohl

In Bayern, dem flächengrößten Gliedstaat der Bundesrepublik Deutschland, ist den Sparkassen als den öffentlich-rechtlichen Kreditinstituten eine besondere Rolle zugefallen,

- wegen der großen regionalen Unterschiede der Bevölkerungsdichte,
- wegen der besonders günstigen wirtschaftlichen Entwicklung trotz der rohstoff-, energie- und marktfernen Lage in der Bundesrepublik und in Europa,
- wegen der vielfältigen Probleme, die seit Ende des Zweiten Weltkrieges durch die geschlossene Grenze zum anderen Teil Deutschlands und zur Tschechoslowakei entstanden sind,
- wegen der damit verbundenen, regional unterschiedlichen wirtschaftsstrukturellen Bedürfnisse und Aufgaben,
- schließlich wegen der überwiegend mittelständischen Wirtschaftsstruktur Bayerns. Diese hat unserem Land in den Rückschlägen der letzten Jahre eine geringere Zunahme an Arbeitslosigkeit gebracht als dem Durchschnitt des Bundesgebietes. Es hat sich somit erwiesen, wie widerstandsfähig die mittelständische Wirtschaft ist. Während die Großbetriebe, vor allem in den revierfernen, wirtschaftsschwachen Gegenden Bayerns, aufgrund des konjunkturellen Rückschlages in größerem Umfang Mitarbeiter entlassen mußten, konnte die mittelständi-

sche Wirtschaft im wesentlichen die Zahl der Beschäftigten beibehalten. Auch in dieser Entwicklung haben die Sparkassen eine besondere Rolle gespielt und sich bewährt. Ihr Auftrag ist zeitgemäß geblieben:

1. Sie versorgen die gesamte Bevölkerung mit Bankleistungen jeder Art, auch in strukturschwachen Gebieten.
2. Sie bieten der örtlichen mittelständischen Wirtschaft in allen Teilen des Landes ausreichend Kredite an.
3. Die Träger öffentlicher Aufgaben, besonders die Kommunen, erhalten Kredite zu angemessenen Bedingungen.

Die Tätigkeit der öffentlich-rechtlichen Kreditinstitute von den Sparkassen bis zu den Landesbanken hat wie eine Art Stimulans auf andere Bank- und Kreditinstitute gewirkt, wozu der Wettbewerb wünschenswerte Nachhilfe geleistet hat. So sind die Großbanken im Laufe der letzten Jahre verstärkt in das Massengeschäft, auch in den Bereich des Spargeschäfts und des Konsumentenkredits eingedrungen. Andererseits konnten die Sparkassen mit Erfolg das Image der »Kleine-Leute-Bank« abschütteln und haben Aufgaben übernommen, die früher nur von privatrechtlich betriebenen Kreditinstituten wahrgenommen wurden. Daß hierbei auch manche Fehlplanung unterlief, hängt weniger mit der Art des Kreditwesens in der Bundesrepublik Deutschland zusammen, als mit der Hybris mancher, die glauben, ihre Pyramiden schon zu Lebzeiten bauen zu müssen.

Der Bürger in unserem Land hat heute die Wahl zwischen verschiedenen Bankleistungen, so daß nahezu ein vollständiger Bankservice angeboten wird. Öffentlich-rechtliche Kreditinstitute gewährleisten ausreichende kreditwirtschaftliche Angebote auch in denjenigen Gebieten, in denen zunächst eine ungünstigere Rentabilität und deshalb auch eine gewisse Zurückhaltung privater Kreditgeber zu erwarten ist.

Leistungsfähige öffentlich-rechtliche Kreditinstitute haben stets eine wichtige Rolle in der regionalen Strukturpolitik allgemein und in Bayern besonders bei der Förderung strukturschwacher Gebiete gespielt. Diese Aufgabe werden sie auch weiterhin erfüllen.

Die Arbeit der öffentlich-rechtlichen Kreditinstitute und ihre Präsenz am Markt ist auch in unserer Wettbewerbswirtschaft marktkonform, denn sie sichern, dank eines anhaltenden starken Wettbewerbs, der Bevölkerung – unabhängig von der Rechtsform des einzelnen Instituts – im ganzen Bundesgebiet kostengünstige Bankleistungen.

Die Sparkassen nehmen in einem dezentralen System kommunaler Einrichtungen zudem öffentliche Aufgaben wahr und bewältigen sie marktkonform, ohne daß der Staat selbst unmittelbar beteiligt wäre.

Die Möglichkeit, öffentlich-rechtliche Sparkassen zu errichten und zu betreiben, gehört zum verfassungsrechtlich garantierten Kernbereich der kommunalen Selbstverwaltung. Ihre örtliche Bindung bietet die Gewähr für die kommunalen Aufgabenträger, daß auch bei konjunkturellen Schwankungen eine sichere Grundlage für die eigenen Aufgaben, insbesondere der Daseinsvorsorge erhalten bleibt. Indem in den Verwaltungsorganen dieser Institute vom Volk unmittelbar gewählte Bürger vertreten sind, weisen sie sich als demokratische, dem Bürger verbundene Einrichtungen aus. Hier hat sich ohne Zweifel ein System durchgesetzt, das als Demokratie im Kreditwesen zu bezeichnen ist.

Das Interesse des Staates an leistungsfähigen öffentlich-rechtlichen Kreditinstituten entspricht seinem Interesse an einer gesunden, mittelstandsfreundlichen Wirtschaftsstruktur als einem tragenden Pfeiler einer freiheitlichen Wirtschafts-, Staats- und Gesellschaftsordnung.

Vor allem tragen die öffentlich-rechtlichen Kreditinstitute öffentliche Maßnahmen und Programme:

- Als Hausbanken oder Zentralinstitute des jeweiligen Landes führen sie in dessen Auftrag zahlreiche wirtschaftspolitische Förderungsprogramme durch, gerade auch bei uns in Bayern.
- Als Kommunalbanken erbringen sie gleichzeitig umfassende Finanzierungs- und Serviceleistungen, indem sie kurzfristige Kassen-, aber auch langfristige Investitionskredite bereitstellen.

Nach ihrem Selbstverständnis wie nach ihrem gesetzlichen Auftrag sind die öffentlichen anders als die privaten Banken weniger ziel- als aufgabenorientiert. Sie erfüllen unmittelbar öffentliche Aufträge, sie dienen dem öffentlichen Interesse, dem Gesamt- oder Gemeinwohl.

Gerade deshalb nimmt die Landespolitik auch die Sorgen der öffentlich-rechtlichen Kreditinstitute ernst:

- Die öffentlich-rechtlichen Kreditinstitute müssen auch im Interesse der Landespolitik leistungsfähig bleiben.
- Der Zwiespalt zwischen erhöhter Steuerlast und gestiegenen Anforderungen an die Eigenkapitalausstattung zwingt dazu, nach sachgerechten Lösungen zu suchen, die den Charakter der Sparkassen als öffentlich-rechtliche Kreditinstitute und vor allem auch ihre kommunalen Bindungen unangetastet lassen.
- Die Gesetzgebung des Bundes und der Länder und ihr Verhalten am Kapitalmarkt hat auch den berechtigten Anliegen der öffentlich-rechtlichen Kreditinstitute zu genügen. (Etwa in der Novellierung des Kartellrechts im

§ 247 BGB, für die gerade die Sparkassenorganisation vernünftige, mittelstandsfreundliche Lösungen vorgeschlagen hat, die von meinen politischen Freunden und mir übernommen wurden.)

– Die Wettbewerbschancen der öffentlich-rechtlichen Kreditinstitute als Mitbewerber am Markt müssen unter Berücksichtigung ihrer Eigenart tragbar gestaltet werden.

Als größte Gruppe des deutschen Kreditgewerbes und als erste Gläubiger der öffentlichen Hand tragen die Sparkassen und Landesbanken ihrerseits besondere Verantwortung für die öffentlichen Finanzen. Daraus folgt, daß sie pflichtgemäß dann Stellung zu nehmen haben, wenn es um Fragen und Grenzen der öffentlichen Verschuldung geht.

Das Leitwort dieses Deutschen Sparkassentages 1979: »Stabiles Geld für ein gesundes Wachstum« drückt diese Verantwortung klar aus.

Vom finanzwirtschaftlichen Standpunkt aus insgesamt gesehen verliert der Kredit als unentbehrliches Konjunktursteuerungsmittel der staatlichen und kommunalen Finanzwirtschaft seine Funktion, sobald der Zweck der neu aufzunehmenden Kredite nur noch darin besteht, die Zinsen für die bisher aufgenommenen zu bezahlen.

Immerhin wurden vom öffentlichen Schuldenstand in Höhe von rund 372 Milliarden DM 227 Milliarden, das sind 61 Prozent, durch Direktkredite inländischer Banken aufgebracht.

Davon entfallen 68,3 Milliarden auf die Landesbanken und 45,7 Milliarden auf die Sparkassen, so daß die Sparkassenorganisation mit 114 Milliarden DM zu 50 Prozent an der inländischen Direkt-Kreditaufnahme der öffentlichen Haushalte beteiligt ist – eine stolze Leistungsbilanz!

Die Verschuldung aller öffentlichen Hände in der Bundesrepublik Deutschland wird in diesem Jahr auf über 400 Milliarden DM anwachsen – und das in einem Jahr mit einem (immerhin) erwarteten Zuwachs des Bruttosozialprodukts von real 4 Prozent. Dies bedeutet, daß am Ende dieses Jahres die Staatsschulden eine Höhe erreicht haben werden, die dem Nettolohn aller beschäftigten Arbeitnehmer während des gesamten Jahres entspricht. Wegen dieses weiterhin ungebremsten Anstiegs der öffentlichen Verschuldung,

- gerade auch angesichts einer erwarteten konjunkturellen Entwicklung nach oben,
- gerade auch angesichts der in jüngster Zeit wieder rascher steigenden Preise bei wachsender Inflationsmentalität,

muß die Sicherung der Geldwertstabilität durch die Tat und nicht durch Worte allein wieder Mittelpunkt der Geld-, Konjunktur- und Finanzpolitik werden.

Der von der Bayerischen Staatsregierung gemachte, in der Presse unterschiedlich beurteilte Vorschlag, die Erhöhung der Mehrwertsteuer um ein halbes Prozent nicht vorzunehmen, gründet auf zwei Überlegungen:

Zum einen werden in diesem Jahr die Gebietskörperschaften mindestens 5,3 Milliarden DM mehr einnehmen, als bei der vorletzten Steuerschätzung, die der Erhöhung der Mehrwertsteuer zugrunde lag, geschätzt worden war, so daß das fiskalische Argument,man brauche die Mehrwertsteuer auf alle Fälle, um die Mindereinnahmen aus dem Steueränderungsgesetz 1979 auszugleichen, nicht durchschlägt.

Zum anderen – und das war schon zwischen Finanz- und Wirtschaftsminister vor zehn Jahren ein Streitpunkt:

Eine Mehrwertsteuererhöhung verläuft nur dann inflationsneutral, wirkt sich also nur dann in Höhe der Kostensteigerung aus, die durch die Erhöhung der Umsatzsteuer eintritt, wenn die Landschaft und die Mentalität weitgehend frei sind von inflationären Bazillen. Wenn aber die Preise ohnehin im Steigen begriffen sind und die Mentalität sich in diese Richtung orientiert hat, dann wird manches an Preiserhöhung unter dem Stichwort »Mehrwertsteuererhöhung« untergebracht, und deshalb glaube ich – wir werden es ja am Ende des Jahres sehen – daß die Behauptung, die Erhöhung der Mehrwertsteuer werde nur zu einem Preisanstieg um 0,7 Prozent führen, unrichtig ist.

Und all diese Überlegungen erhalten noch besonderes Gewicht infolge der außenpolitischen und weltwirtschaftlichen Störfaktoren, deren Richtung und Tragweite heute noch keineswegs abzuschätzen sind. So werden etwa die revolutionären Ereignisse im Iran die Mentalität vor allem in den OPEC-Ländern verändern und zu einem stetigen Preisanstieg für Rohöl führen. Im Zusammenhang mit anderen ungelösten Problemen im Nahen und Mittleren Osten stehen wir vor Risiken, von deren Ausmaß wir uns heute wohl noch keine klare Vorstellung machen können.

Die Bayerische Staatsregierung glaubt nicht, daß eine Fülle von Konjunkturprogrammen einen nachhaltigen Aufschwung, eine Änderung des Investitionsklimas, der Investitionsbereitschaft herbeiführt. Auch die Konjunkturprogramme seit dem Jahre 1973 mit ihren beinahe 35 Milliarden DM haben nicht das erbracht, was man von ihnen erwartete.

Bevor die öffentliche Hand die Ausgaben zu konjunkturellen Zwecken steigert, sollte sie die leistungsfeindlichen Steuertarife, vor allem die ertragsunabhängigen Steuern senken, die zum Teil gerade im mittelständischen Bereich in den letzten Jahren aus der Substanz gezahlt worden sind. Auch wenn sich zur Zeit kein großer Spielraum für Steuersenkungen anbietet, so dürfen wir nicht vergessen, daß auch der im Steueränderungsgesetz 1979 eingeführte Tarif nur zu einer Pause im Ansteigen des Lohnsteuereinkommens führt. Schon ein Jahr später wird der Ertrag der Lohnsteuer wieder um eine zweistellige Milliardenziffer steigen.

Hier ballen sich Probleme zusammen: Steigende Steuerbelastung, progressiver Verlauf der Kurve. Wenn außerdem die Bevölkerungsabnahme anhält, dann werden wir entweder überaus hohe Abgaben aus dem Arbeitseinkommen hinnehmen müssen, wenn das Netz der sozialen Sicherung erhalten bleiben soll, oder dieses Netz wird reißen. Deshalb soll man diejenigen, die von der Gefahr sprechen, daß der Sozialstaat seine Grenze erreicht oder überschritten habe, nicht als arbeitnehmerfeindlich oder als sozialstaatsfeindlich verunglimpfen. Auch immer neue Konjunkturprogramme lösen die wirtschaftlichen Grundprobleme nicht. Eine leistungsfreundliche Abgabenbelastung sowohl der Unternehmer wie der Arbeitnehmer ist die Hauptvoraussetzung dafür, daß sich wieder ein normales Wirtschaftsklima in der Bundesrepublik durchsetzt, frei von ideologischen Verbiegungen.

Aber nicht nur diese allgemeinen fiskalischen Überlegungen stehen einer Ausweitung der Staatsausgaben entgegen. In der gegenwärtigen Wirtschaftslage können weder besondere staatliche Ausgabenprogramme, noch eine allgemeine expansive Haushaltspolitik dazu beitragen, Konjunktur, Wachstum und Beschäftigung in den Griff zu bekommen. Im Gegenteil: Eine ungebremste Expansion der öffentlichen Ausgaben und damit der Staatsverschuldung würde den bisher erreichten Erfolg wieder gefährden, zum Teil sogar zunichte machen. Die sogenannte »Wellblech- oder Waschbrettkonjunktur« der letzten Zeit ist weniger in einem gesamtwirtschaftlichen Nachfragemangel als im verzerrten Preis-, Kosten- und Ertragsgefüge begründet. Kaum tragbare Risiken, zu niedrige Erträge, unzureichende Kapitalverzinsung bremsen zwangsläufig die Investitionsneigung. Wem soll man denn zureden, jetzt Aktien zu kaufen? Die Bürger beteiligen sich ungern an Kursverlusten, wenn über Jahre hinweg von Pfandbriefen eine höhere Rendite als vom eingesetzten Haftungskapital in einem Unternehmen zu erwarten war.

Produktion und Investition werden aber nicht nur die Absatzmöglichkeiten, sondern auch die Gewinnchancen bestimmen. Finanzpolitische Maßnahmen, die lediglich auf die Ausweitung der Nachfrage abzielen, ohne gleichzeitig die Rentabilität der Investitionen im Unternehmensbereich zu verbessern, führen in die Sackgasse. Im Hinblick auf die nicht mehr vertretbare Höhe der Staatsverschuldung muß vor allem der hemmungslosen Expansion der öffentlichen Ausgaben Einhalt geboten werden. Die rapide steigende Belastung der öffentlichen Haushalte durch Zinsausgaben schnüren den finanziellen Handlungsspielraum der Gebietskörperschaften auf gefährliche Weise ein. Es wird allmählich unerträglich, daß die gesetzlich oder durch Vertrag rechtlich gebundenen Ausgaben des Bundes schon um 95 Prozent der zur Verfügung stehenden Haushaltsmasse ausmachen. Bei den Ländern ist es nicht viel anders, während die Gemeinden noch einen etwas größeren Spielraum haben mögen. Daher ist es unverständlich, wenn man heute wiederum die Anspruchs- und Inflationsmentalität anheizt. Gewiß bedeutet jede Konsolidierung der Finanzen einen negativen Swing, aber wenn ein derartiger Effekt konjunktur- und wachstumspolitisch nicht in Kauf genommen wird, wächst die öffentliche Verschuldung ins Uferlose. Die Folgen wären:

- Eine weiter steigende Staatsquote (zur Zeit 47 Prozent),
- eine erheblich schnellere inflationäre Entwicklung,
- eine nicht zu verantwortende Belastung künftiger Generationen mit Schuldendienstverpflichtungen.

Früher ist oft die Forderung erhoben worden, man möge doch nicht alle Ausgaben der öffentlichen Hand aus dem sogenannten ordentlichen Haushalt bestreiten. Diese Investitionen reichten noch weit in die Lebenserwartung der nächsten Generation hinein, also sollte diese in Form der Zinsbelastung und Schuldentilgung daran beteiligt werden. Wo die Grenze dieser Belastung liegt, wird man niemals auf eine Milliarde oder auf ein Prozent genau sagen können. Was wir jedoch in den letzten Jahren erlebt haben, das ist nichts anderes als die Ausbeutung der kommenden Generation durch die Ausgabefreudigkeit der heutigen Politiker. Die öffentliche Verschuldung, stabilitäts-, wachstums- und konjunkturpolitisch betrachtet, ist das eigentliche Problem. Ihre Konsolidierung duldet keinen Aufschub mehr. Deshalb sollte die staatliche Finanzwirtschaft heute vornehmlich zwei Probleme anpacken: Einmal muß der weitere inflationäre Anstieg verhindert und langfristig gesehen der Schuldenberg wieder abgebaut werden, jedenfalls ist zunächst sein Anwachsen erheblich zu dämpfen. Wir dürfen nicht nach der zynischen Maxime der Madame Pompadour handeln: »Après nous le déluge«, wenn schwere Schäden vermieden werden sollen. Vielmehr gilt es zu fragen: Wann soll eine Wende der Politik des Schuldenmachens eintreten? Wann soll Schluß gemacht werden mit einem so hohen Zuwachs, wenn nicht in einem Jahr mit so günstigen konjunkturellen Erwartungen wie 1979? Jetzt muß ein Zeichen gesetzt werden, nicht nur ein symbolisches, sondern ein wirksames. Das setzt allerdings voraus, daß nicht, wie zu befürchten ist, angesichts der verstärkt in die Staatskassen fließenden Gelder neue Hoffnungen und Begehrlichkeiten unter den Bürgern geweckt und somit die Anspruchs- und Inflationsmentalität weiter angeheizt wird. Zu den Notwendigkeiten und oft bitteren Wahrheiten, die den Bürgern von den verantwortlichen Politikern gesagt werden müssen – leider oft nicht gesagt werden – gehört auch, daß nicht alles, was wünschbar ist, tatsächlich zu erfüllen ist.

»Politik ist die Kunst des Möglichen«, soll Bismarck gesagt haben. Von einem Freund aus der sozialdemokratischen Partei, Carlo Schmid, dem ich immer mit hoher Achtung und Sympathie begegne, habe ich gehört, Politik sei auch die Kunst, das Notwendige möglich zu machen. Ich möchte hinzufügen: Politik ist auch die Kunst, bei der Definition des Begriffes »notwendig« sich nicht von den Furien des Ehrgeizes hetzen zu lassen. Der mündige Bürger wird das verstehen. Ich hoffe, daß in Zukunft keine politische Partei mehr Anspruch auf Glaubwürdigkeit erheben kann, wenn sie dem Bürger nicht politische Zusammenhänge klarmacht, die Kausalitäten und die Schlußfolgerungen, die sich ergeben. Mit dem ungehemmten Wettlauf um die Popularität bei Wahlen muß Schluß gemacht werden, wenn wir nicht am Ende in einen Taumel geraten wollen. Wir dürfen dem Volke wieder zutrauen, auch unbequeme Dinge zu hören. Es ist fahrlässig, wenn Politiker meinen, man dürfe dem Bürger nur angenehme Dinge sagen, eine mondbeglänzte Silberlandschaft ihm vor die Augen stellen, eine gemähte Wiese, ein leuchtendes Bild: Es gibt keine echten finanziellen Probleme mehr. Der Sozialstaat kann alles leisten. Es gibt auch keine außenpolitischen und keine Sicherheitsprobleme mehr – kurzum: Für alles ist bestens gesorgt: der Friede ist sicherer, die Verhältnisse sind besser, die Finanzen sind stabiler, das soziale Netz ist unzerreißbar geworden – eine wunderbare Welt! Sie hat nur einen Nachteil: Es gibt sie nicht.

Bayern hat seinen begrenzten finanzpolitischen Handlungsspielraum zu einer gezielten Investitionsförderung genutzt. Und wenn der Freistaat dank der Ablehnung unseres Antrages, den Zeitpunkt der Mehrwertsteuer-Erhöhung hinauszuschieben, in diesem Jahr etwa 140 Millionen Mark mehr einnehmen wird, möglicherweise noch mehr, dann wird die Staatsregierung diese Mehreinnahmen nicht dazu verwenden, um damit Dauerleistungen zu begründen. Wir werden finanzieren, was beim Abebben der Geldschwemme ein immer größeres Problem wird und nur kreditmäßig bewältigt werden kann. Diese Mehreinnahmen werden wir dazu benutzen, um den in Bayern ohnehin nur maßvoll, aber auch für meine Ansicht noch immer zu schnell gewachsenen Schuldenpegel abzubauen. Wir hoffen, daß die Bundesregierung desgleichen tut und nicht die Mehreinnahmen im Hinblick auf das Wahljahr 1980 trotz gegenteiliger Beteuerung für andere Zwecke vorsieht.

Aber nicht nur finanzpolitisch ist ein grundsätzlicher Kurswechsel in der Schuldenpolitik notwendig. Es gilt auch zu verhindern, daß die parlamentarische Demokratie und ihre unentbehrlichen Träger, die politischen Parteien, in eine immer tiefere Vertrauenskrise geraten. Die zahlreichen Bürgerinitiativen und andere Bewegungen zeigen den Beginn dieses gefährlichen Weges an. Er muß nicht in die Katastrophe führen, er wird es aber, wenn die Politiker weiterhin in selbstbewußter Sorglosigkeit mit dem Vertrauen des Bürgers spielen.

Und schließlich steht die Finanzpolitik in der Bundesrepublik Deutschland stets in einem gesamteuropäischen Zusammenhang. Nun ist es einerseits wünschenswert, daß Europa Währungsstabilität erreicht, daß sich die europäischen Staaten gegenseitig helfen. Eine gewisse Koordinierung, um nicht zu sagen Homogenisierung der wirtschafts- und finanzpolitischen Grunddaten ist in den Mitgliedsländern nach wie vor erforderlich, wenn ein Europäisches Währungssystem und nicht eine europäische Inflationsgemeinschaft entstehen soll. So verstehe ich auch die Mahnungen des Herrn Bundesbankpräsidenten. Oft ist die Bundesbank in einer schwierigen Situation. Einerseits ist sie gesetzlich verpflichtet, die Währungs- und Wirtschaftspolitik der Bundesregierung zu unterstützen, andererseits aber auch dazu, von ihrem reichlichen Sachverstand und ihrem unbestechlichen Gewissen Gebrauch zu machen, und das führt eben zuweilen zu Zielkonflikten. Ich möchte der Bundesbank besonders danken, denn ihr mahnendes Wort hat bewirkt, daß das Gefüge der Wirtschafts- und Finanzpolitik, aber auch der privatwirtschaftliche Bereich nicht noch wesentlich stärker verzerrt wurden. Ich danke ferner allen Trägern des deutschen Sparkassenwesens, den Landesbanken und den Girozentralen herzlich für alle Dienste, die sie der deutschen Wirtschaft, vor allem jedoch den Gebietskörperschaften geleistet haben und weiterhin leisten.

Selbstbestimmungsrecht ist Menschenrecht

An diesem 30. Sudetendeutschen Tag, anläßlich des 25jährigen Bestehens der Schirmherrschaft des Freistaates Bayern über die sudetendeutsche Volksgruppe, dankt Bayern den Sudetendeutschen – und wir dürfen diesen Dank im Namen ganz Deutschlands aussprechen:

Für den Beitrag, den sie geleistet haben zum Wiederaufbau unseres kriegszerstörten Landes, bei der Wiedererrichtung des freiheitlichen Rechtsstaates.

Sie haben sich wie Millionen andere deutsche Heimatvertriebene durch Vertreibung und Ausplünderung, durch Mißhandlung und Verfolgung, auch durch Verdächtigung, Diskriminierungen und Schmähungen nicht entmutigen und irre machen lassen, als es darum ging, in der neuen Heimat, gemeinsam mit den Alteingesessenen, den Schutt wegzuräumen, den Krieg und Gewaltherrschaft hinterlassen hatten, und in harter Arbeit eine neue politische, wirtschaftliche und soziale Ordnung aufzubauen, die auf der Grundlage der freiheitlichsten Verfassung der deutschen Geschichte materiellen Wohlstand, soziale Sicherheit, inneren und äußeren Frieden und vor allem ein Leben in Freiheit sichert.

Unsere sudetendeutschen Landsleute haben sich nicht nur um diesen Aufbau verdient gemacht, sondern sich auch im aktiven Bekenntnis zu dieser freiheitlichen Ordnung in ganz besonderem Maße bewährt.

Stalins Rechnung ist nicht aufgegangen. Die Millionen

vertriebener, entwurzelter, verarmter, gedemütigter Deutschen aus dem Sudetenland, aus Schlesien, Pommern, Ostpreußen, aus Ost- und Südost-Europa, sie sind nicht der weltgeschichtliche Sprengstoff geworden, dessen Explosion Deutschland und Europa sozial und politisch revolutioniert und damit zur Beute des Kommunismus hätte werden lassen.

Die Flüchtlinge und Heimatvertriebenen sind aber auch nicht zur geheimen Reservearmee eines neuen deutschen Nationalismus oder zur Speerspitze einer neuen antidemokratischen Bewegung in Deutschland geworden. Im Gegenteil: Sie haben unmittelbar und am schwersten selbst erlebt und erlitten, zu welch schrecklichen Taten fanatischer Nationalismus und menschenverachtender Totalitarismus fähig sind. Ihr Schicksal ist der geschichtliche Beweis dafür, daß es kein persönliches Menschenrecht gibt, wenn sprachlichen, völkischen, religiösen, kulturellen und rassischen Minderheiten das Selbstbestimmungsrecht, ihr Lebens- und Entfaltungsrecht vorenthalten wird.

Diese Erfahrung hat die Sudetendeutschen gefeit gegen totalitäre und kollektivistische Ideologien aller Art, gegen die Versuchung zur sozialistischen Revolution wie zur nationalistischen Reaktion.

Diese Erfahrung hat die Flüchtlinge und Heimatvertriebenen in ganz besonderem Maße reif und bereit gemacht für eine Politik der Versöhnung mit den Völkern ihrer alten Heimat, deren jahrhundertelange Sehnsucht nach einem Leben in nationaler und persönlicher Freiheit in der Gemeinschaft freier und gleichberechtigter europäischer Völker heute von den Statthaltern einer antieuropäischen, weil freiheitsfeindlichen Ideologie, von sowjetischen Panzern und Bajonetten vergewaltigt wird.

Sie haben sich von Verleumdern, vom Revanchismusgeschrei und allen Versuchen, die Geschichte umzubiegen oder totzuschweigen, nicht irre machen lassen. Die Sudetendeutschen haben in den vergangenen Jahrzehnten, solange es eine Sudetendeutsche Landsmannschaft und einen Sudetendeutschen Tag gibt, durch zahlreiche Erklärungen, Dokumente und Manifeste und in vielfacher Weise durch die Tat bewiesen, daß sie es ernst meinen mit ihrem Willen zur Aussöhnung und zur Verständigung.

Deshalb gilt unser Dank in ganz besonderem Maße der sudetendeutschen Volksgruppe, der Sudetendeutschen Landsmannschaft, dem Sudetendeutschen Rat

– für ihr stetiges und unermüdliches Bemühen um Aussöhnung und Verständigung mit unseren jahrhundertealten europäischen Nachbarn östlich des Böhmerwaldes, den Tschechen und Slowaken,
– für die Pionierarbeit, die die Volksgruppe und ihre Vertretung für die europäische Einigung geleistet haben.

Böhmen und Mähren waren durch Jahrhunderte blühende Herzländer Europas. In ihnen hat sich bis in unsere Zeit europäische Geschichte geradezu beispielhaft verwirklicht. Ihre Geschichte verkörpert Europas Glanz und Größe, seine schöpferische Intelligenz und seine kulturelle Vielfalt – aber auch seine Versuchungen, seine geschichtlichen Verstrickungen und sein schuldhaftes Versagen.

Deshalb geht unser Gruß hinüber über den Böhmerwald als Ausdruck einer trotz Gewalt und Unrecht nicht zerstörten geschichtlichen Verbundenheit von Sudetendeutschen und Tschechen und Slowaken. Er geht hinüber als Ausdruck europäischer Solidarität. Denn: dieser Sudetendeutsche Tag ist wie all die anderen zuvor und die künftigen nicht nur ein Bekenntnis der Sudetendeutschen

– zu ihrer geschichtlichen und kulturellen Identität,
– zu ihrem Lebens- und Selbstbestimmungsrecht als Volksgruppe,
– zu ihrem Menschenrecht auf Heimat,

sondern auch ein Bekenntnis zum Lebens-, Selbstbestimmungs- und Heimatrecht aller Völker und Volksgruppen. Ein Verzicht auf dieses Recht bedeutete feige Resignation vor der nackten Gewalt, Rechtfertigung des Grundsatzes »Macht geht vor Recht«, Anerkennung der »normativen Kraft des Faktischen«. Der Blutzoll, den die Europäer in ihrer Geschichte, vor allem jedoch in den beiden europäischen Bürgerkriegen dieses Jahrhunderts, entrichten mußten, wäre vergebens gezahlt worden, das Leiden und der Tod der Millionen Opfer der Vernichtungslager, der Verfolgung und Vertreibung wären umsonst gewesen, zögen sich die Völker, vor allem jedoch deren politisch Verantwortliche, wieder hinter die brüchigen Mauern eines bloßen Rechtspositivismus zurück. Mit Realpolitik oder notwendiger Entspannungspolitik wäre ein Verzicht auf grundlegende, ihrem Wesen nach unaufgebbare politische Werte und rechtliche Positionen nicht zu rechtfertigen.

Wenn in einer vom Machtkampf der Interessen und Ideologien zerrissenen Welt eine auf Recht und Gerechtigkeit gegründete Ordnung nicht nur reine Utopie bleiben soll, dann darf es im Kampf um die Grundrechte von Menschen und Völkern keinen Verzicht und keine Halbheiten geben, denn diese Rechte sind unteilbar.

Angesichts der doppelten Moral, wie sie zur Zeit von der UNO-Mehrheit in den Fragen des Selbstbestimmungsrechts und des Lebensrechts der Völker und der Geltung der Menschenrechte geübt wird, dürfen wir jedoch für die Zukunft nur wenig Gutes erwarten.

Nicht nur das Recht ist unteilbar, auch die Geschichte ist es! In das Verhängnis der europäischen Geschichte sind alle europäischen Völker gleichermaßen verstrickt. »Bewältigen« wie eine Mathematikaufgabe läßt sich dieses gemeinsame Erbe an Schuld und Verhängnis nicht: Weder durch einseitige Schuldzumessung oder einseitiges Schuldbekenntnis, noch durch gegenseitige Schuldaufrechnung, weder durch Totschweigen, noch durch Umbiegen der Tatsachen, sondern allein durch eine klare, unverstellte Einsicht in die Ereignisse, allein durch eine mannhafte und redliche Auseinandersetzung mit ihnen und durch den Willen, gemeinsam neue, bessere Wege zu gehen.

Hier haben die Sudetendeutschen, angefangen von der »Charta der Heimatvertriebenen« aus dem Jahre 1950 bis heute Zeichen gesetzt, die den Weg aus dem Leid der Vergangenheit in eine gemeinsame Zukunft freier europäischer Völker weisen können.

Nur in einem in Freiheit geeinten Europa wird der Kampf der Sudetendeutschen um ihr Recht seine Erfüllung finden.

Europäisch eingebunden war die Geschichte der Sudetendeutschen wie die Geschichte ihres Schirmlandes Bayern von jeher. Seit 25 Jahren sind die Sudetendeutschen als sein 4. Stamm mit dem Freistaat Bayern in besonderer Weise verbunden und finden in Bayern stets einen treuen Sachwalter ihrer Interessen. Die Sorge der Sudetendeutschen um die Bewahrung ihrer Volksgruppenidentität, ihres geschichtlichen und kulturellen Erbes, das dem unseren ja so nahe verwandt ist, haben wir Bayern zu unserer ureigenen Sorge gemacht.

Diese Gemeinsamkeit wird sich auch unter europäischem Vorzeichen bewähren. Die Sudetendeutschen können versichert sein, daß sie an ihrem Schirmland Bayern auch weiterhin einen festen Rückhalt finden, wenn es darum geht, für das Recht einzutreten und die Freiheit zu schützen.

Der Staat – Rahmen oder Reparaturbetrieb der Marktwirtschaft?

Mit dem Bekenntnis zur Marktwirtschaft ist es in der Bundesrepublik Deutschland heute ähnlich bestellt wie mit den Antworten von Radio Eriwan auf Hörerbriefe: Im Prinzip ja, so sagen alle relevanten politischen Kräfte zur Marktwirtschaft. Diesem Bekenntnis folgt dann aber meist das mehr oder weniger verschleierte tatsächliche Aber, gesteigert bis zum gemeinten Nein. Zu der offenen Ablehnung der marktwirtschaftlichen Ordnung, etwa durch radikal-marxistische Jusogruppen oder entsprechende, ständig an Zahl und Einfluß zunehmende radikal-sozialistische Kräfte in den Gewerkschaften bestehen vielfach nur mehr graduelle Unterschiede. Ich erinnere an das »Konkret«-Interview des Hamburger Bürgermeisters Klose vom Dezember 1978. Er hat seine Aussagen bis heute nicht widerrufen:

»Ich würde heute nicht mehr ohne weiteres bereit sein, die Analyse von Stamokap als ganz und gar falsch zurückzuweisen.«

Und:

»Wie immer man diesen Staat in seiner Funktion qualifiziert: Wir intervenieren vielfach zugunsten der Wirtschaft, was im Ergebnis heißt, daß wir uns ziemlich handfest als Reparaturbetrieb des Kapitalismus betätigen.«

Und als die anzustrebende Wirtschaftsordnung, »in die wir uns zwangsläufig hineinentwickeln, nicht nur wir, die ganze Welt«, bezeichnete er »das System einer gelenkten Marktwirtschaft«.

Bemerkenswert an diesen Äußerungen sind nicht nur die Bedenkenlosigkeit oder der Opportunismus, womit hier der demokratische Staat kurzerhand als Agent des Monopolkapitals diffamiert wird. Solange sich dies allein innerhalb der dogmatischen Auseinandersetzung um die reine Lehre zwischen den marxistischen Sekten abspielt, mag es unerheblich sein. Aber das Wort vom »Staat als Reparaturbetrieb des Kapitalismus« signalisiert heute mehr und Gefährlicheres als nur innermarxistische Spiegelfechterei um Begriffe. Schon die bewußt oder auch nur leichtfertig vollzogene begriffliche Gleichsetzung von Marktwirtschaft und Kapitalismus ist ein Symptom dafür, wie weit im Wertbewußtsein mancher bereits die ethischen und ordnungspolitischen Grundlagen unserer Wirtschaftordnung – ja darüber hinaus unserer freiheitlichen Staats- und Gesellschaftsordnung – in Frage gestellt sind.

Der seit Jahren betriebene Mißbrauch der Sprache als Waffe zur geistigen und politischen Unterwanderung, die systematische Verfälschung der Begriffe, die ständige Diffamierung der freiheitlichen Verfassungs-, Rechts- und Wirtschaftsordung durch aggressiv besetzte Begriffe trägt jetzt ihre politischen Früchte. Aus der freiheitlichen Grundordnung wurde eine »Formaldemokratie«, aus dem Rentabilitätsgesichtspunkt der Wirtschaft »Profitgier«, aus der Abwehr von Verfassungsfeinden im öffentlichen Dienst wurden »Berufsverbote«, und aus der Sozialen Marktwirtschaft wurde ein »System des Spätkapitalismus«.

Dieser gezielte Sprachmißbrauch rechnet mit der suggestiven Kraft der Sprache für die Umbildung des kollektiven Bewußtseins: Wenn man nur lange genug eine leistungsstarke Wirtschafts- und Sozialordnung krankbetet und als schwach und krisenanfällig diffamiert, dann wird dies die Vertrauensgrundlage zersetzen. Nach diesem Grundsatz wird diese Sprachstrategie mit wachsendem Erfolg angewandt. Sie ist erfolgreich vor allem auch deshalb, weil seit 1969 in der Bundesrepublik Deutschland eine Finanz-, Wirtschafts- und Sozialpolitik betrieben wird, die in vielen Punkten den Grundsätzen der Marktwirtschaft widerspricht:

- Durch das Schüren einer Erwartungsinflation und das Wecken von Inflationsmentalität,
- durch eine Schuldenpolitik ungeheueren Ausmaßes,
- durch zunehmenden staatlichen Dirigismus, durch eine Flut von Programmen und eine bewußte Pflege der Subventionsmentalität,
- durch die Förderung des Gegenwartkonsums auf Kosten von Zukunftsinvestitionen,
- durch einseitige Förderung und Bevorzugung wirtschaftlicher Großorganisationen,
- durch wachsende Reglementierung und einengende bürokratische Bevormundung.

So hat fehlerhafte Politik die Marktwirtschaft überhaupt erst krankgemacht und die Übel erzeugt, die man ihr nun als Schuld und Versäumnis anlastet. Und die gleichen Mittel, die diese Übel erzeugt haben, sollen sie nun heilen helfen: Mehr Dirigismus, Verplanung, Bevormundung. Einschränkung der Entscheidungsfreiheit der Unternehmer und der Mobilität der Arbeitnehmer, Sonderprogramme in wachsender Zahl – und so fort.

Damit scheint der Beweis erbracht, daß die »privatkapitalistische« Wirtschaft heute ohne den starken Arm des Staates, ohne seine Funktion als »Reparaturbetrieb des

Kapitalismus« zusammenbräche. Im Grunde seien beide nicht lebensfähig und wert abzusterben.

Wenn wir uns also gegen die Diffamierung des freiheitlichen Rechtsstaates als eines bloßen »Reparaturbetriebs« der Marktwirtschaft oder des Kapitalismus wenden, dann kann das selbstverständlich nicht heißen, daß wir einem zügellosen »Laissez-faire, laissez aller« das Wort reden. Allzu gern wird unsere Wirtschaftsordnung ja mißverstanden als ein egoistischer Kampf aller gegen alle, in dem die Sozialpolitik die Rettungswagen auffahren läßt und die Kampfunfähigen abtransportiert. Das ist ein Zerrbild, denn diese Soziale Marktwirtschaft ist neben

- der parlamentarischen Demokratie,
- dem freiheitlichen Rechtsstaat,
- der föderativen Ordnung,

eines der vier tragenden Elemente unserer freiheitlichen Staats- und Gesellschaftsordnung und als solches unverzichtbar.

Sie bewegt sich weder in einem staats- oder rechtsfreien, noch in einem wertfreien Raum. Sie ist vielmehr eine rationale Wettbewerbswirtschaft, die jedoch bei aller Rationalität auch vom Geist der Partnerschaft, der Solidarität und Gemeinschaft geprägt ist.

Im Gegensatz zum reinen liberalistischen Wirtschaftsmodell hat der Staat in der Sozialen Marktwirtschaft durchaus klare Funktionen:

- Mit den Instrumenten der marktwirtschaftlichen Ordnungspolitik setzt er die rechtlich-institutionellen Rahmenbedingungen und sichert ihre Funktionsfähigkeit.
- Durch die marktwirtschaftliche Prozeßpolitik beeinflußt er den Wirtschaftsablauf mit marktkonformen Mitteln, so daß die jeweiligen Ziele verwirklicht werden können.

Ein solcher freiheitssichernder – die Freiheit der wirtschaftlichen Entscheidung und des wirtschaftlichen Handelns sichernder – Staat muß selbstverständlich ein starker sein. Seine Stärke zeigt er vor allem darin, in welchem Maße er die rechtlich-institutionellen Rahmenbedingungen der Marktwirtschaft zu sichern versteht. Hier muß der Rechtsstaat, wenn es darauf ankommt, Zähne zeigen – im Wettbewerbsrecht, im Kartellrecht, aber auch beim Verbraucherschutz. Der Staat setzt den Rahmen durch seine Finanz- und Sozialpolitik, durch seine Zielvorstellungen in der regionalen Strukturpolitik, in der Bildungs-, Umwelt- und Forschungspolitik.

Aber es kann nicht die Aufgabe des Staates sein, bei jeder Konjunkturschwankung sogleich einzelnen Unternehmen oder ganzen Branchen unterstützend unter die Arme zu greifen oder gar Fehlentscheidungen und Mißwirtschaft einzelner Unternehmen abzufangen oder Strukturwandlungen zu verhindern, die sich aus der technischen Entwicklung oder veränderten Marktbedingungen ergeben. Ein solches Verhalten des Staates wäre in der Tat marktwirtschaftswidrig, weil es die Rationalitätsvorteile des marktwirtschaftlichen Systems und des ihm innewohnenden Selbstheilungsmechanismus beeinträchtigte. Ein solches Verhalten würde in der Tat den Staat zum Reparaturbetrieb einer veralteten, nicht mehr konkurrenzfähigen Wirtschaft machen – mit nicht zu übersehenden Auswirkungen auf den Lebensstandard der Bevölkerung und den ganzen Bereich der öffentlichen Leistungen, angefangen vom Bildungswesen bis hin zur sozialen Sicherung. Schließlich wären nicht einmal mehr die künstlich durch alle möglichen rechtlichen Bestimmungen, Subventionen und Programme gesicherten Arbeitsplätze wirklich sicher.

Ein solches marktwirtschaftswidriges, »reparierendes« Eingreifen des Staates, das eine rechtzeitige Anpassung einzelner Unternehmen oder ganzer Branchen an neue Techniken oder Marktbedingungen verhindert, ist der grundsätzlich falsche Weg, weil es den Steuerzahler zusätzlich und nutzlos belastet und die Teilhabe am technischen Fortschritt sowie den Zugang zu den Märkten nur noch weiter erschwert – ohne Arbeitsplätze zu erhalten oder gar neue zu schaffen. Nicht Erhaltungssubventionen des Staates sichern auf Dauer Arbeitsplätze, sondern nur eine richtige, marktgerechte Unternehmenspolitik. Die wiederum ist abhängig von den richtigen finanz-, steuer- und wirtschaftspolitischen Rahmenbedingungen. Sie schaffen die grundlegenden Voraussetzungen für die lebenswichtige, arbeitsplatzsichernde Investitionsbereitschaft und -fähigkeit der Unternehmen, ohne die es keine Innovation, keinen technischen Fortschritt, keine Chancen im Wettbewerb, keine sicheren Arbeitsplätze geben kann.

In diesem Sinne ist die Soziale Marktwirtschaft als sozial absichernde, unternehmerisch orientierte Marktwirtschaft keine Unternehmerwirtschaft, sondern eine Wirtschaftsordnung des ganzen Volkes, der Arbeitgeber und der Arbeitnehmer. In dem auf Leistung und Wettbewerb aufgebauten und an diesen beiden Grundlinien orientierten Ordnungssystem der Sozialen Marktwirtschaft haben beide ihren Platz als freie Wirtschaftsbürger. Denn: in der Sozialen Marktwirtschaft ist die wirtschaftliche Freiheit für jedermann unabdingbarer Bestandteil der freiheitlichen Ordnung. Diese Freiheit äußert sich in verschiedenen Formen:

- Im freien Leistungswettbewerb zwischen den Unternehmern,
- im freien Marktzugang für jeden,

– in der freien Konsumwahl,
– in der freien Berufswahl,
– in der freien Wahl des Arbeitsplatzes.

Von dieser Freiheit, aber auch von den damit verbundenen Risiken kann es keine Ausnahme geben. Dies gilt für alle Bereiche unseres wirtschaftlichen Lebens. Sicher möchten manche Unternehmen oder Branchen auch heute noch lieber unter der Käseglocke ständiger staatlicher Betreuung leben als im rauhen Wind des nationalen und internationalen Wettbewerbs. Ist jedoch alles staatlich gesichert: Zuteilung von Rohstoffen und Energie, Regelung der Absatzmärkte und die Gewinnspannen oder staatlich angeordnet: Investitionen, Standortwahl, Produktionsort- und -größe – wo bleibt da noch das unternehmerische Risiko, die wesentliche Rechtfertigung des freien Eigentums an den Produktionsmitteln?

Dieses freie Eigentum an den Produktionsmitteln ist zugleich eine wesentliche Stütze einer freiheitlichen Wirtschafts- und Gesellschaftsordnung. Je breiter gestreut dieses Eigentum ist, je mehr selbständige Existenzen bestehen, desto fester gefügt ist diese Ordnung. In jedem selbständigen Unternehmer bis hin zum kleinen Handwerksmeister sehe ich einen sichereren Garanten unserer freiheitlichen Ordnung als in jedem hochdotierten, jederzeit austauschbaren Manager in den Vorstandsetagen einer wirtschaftlichen Großorganisation. Ein Kraftfahrzeugmechaniker, der seine Ersparnisse und seine und seiner Ehefrau Freizeit und Arbeitskraft aufwendet, um einen selbständigen Betrieb zu eröffnen und durchzuhalten, ist für die Erhaltung und Sicherung der Marktwirtschaft bedeutsamer als manches Vorstandsmitglied einer großen Kapitalgesellschaft, deren Rechtsform sich leicht ändern, die sich gegebenenfalls auch vergesellschaften läßt.

In seinem Aufsatz »Unternehmerfreiheit – Teil der Bürgerfreiheit« hat Professor Rüthers das Problem in voller Schärfe dargestellt (FAZ vom 18. 10. 1978):

»Unternehmensgrößen, die eine Liquidation im Falle der Mißwirtschaft nicht mehr zulassen – wir kennen solche Sozialisierungen der Verluste zur Genüge – sind eine Gefahr für die freiheitliche Sozialordnung.«

Grundsätzlich haben also auch für wirtschaftliche Großorganisationen die Gesetze der Marktwirtschaft zu gelten, auch wenn diese Großunternehmen vielfach den nationalen, ja sogar den europäischen Rahmen sprengen. Auch eine weltumspannende Planungs- und Verteilungsbürokratie, wie sie hinter den Forderungen nach einer »neuen Weltwirtschaftsordnung« und nach internationalen Rohstoff-Fonds steht, könnte nichts bessern. Im Gegenteil: Im Weltmaßstab brächte die Planwirtschaft keine anderen Ergebnisse als im nationalen Rahmen, nämlich: Verknappung der Güter, Verschleuderung der Ressourcen, Ausbeutung der Arbeitskraft, Rückgang von Produktivität und Innovationskraft, Verschuldung und Inflation.

Ein Gebot marktwirtschaftskonformer Wirtschaftspolitik ist es daher, mittelstandsfreundliche Rahmenbedingungen zu erstellen, vor allem in der Steuerpolitik, aber auch in Gesetzgebung und Verwaltung – ich nenne hier nur das Stichwort Bürokratisierungsdruck –, nicht jedoch absterbende Gewerbe künstlich zu konservieren.

Inzwischen aber ist der Staat schon gezwungen, durch finanzielle Förderungsanreize und Finanzierungshilfen viele Unternehmen zu Verhaltensweisen zu veranlassen, die in einer Marktwirtschaft eigentlich die Regel sein sollten. Es sind Krankheitssymptome, die allerdings der Marktwirtschaft selbst nicht angelastet werden dürfen, wenn heute

- mehr selbständige Existenzen aufgegeben als neue gegründet werden, und wenn auch diese Neugründungen in zunehmendem Maße nur noch mit staatlicher Geburtshilfe erfolgen,
- wenn kleine und mittlere Betriebe den gestiegenen Markt- und Innovationsrisiken aufgrund unzureichender Erträge und einer nicht ausreichenden Kapitalbasis teilweise nicht mehr gewachsen sind,
- wenn die Regionalförderung, die die Nachteile strukturschwacher Gebiete ausgleichen soll, inzwischen zu einem Geldregen entartet ist, der sich über 60 Prozent des Bundesgebietes ergießt,
- wenn allgemein die staatliche Förderung privatwirtschaftlicher Investitionen ihren Ausnahmecharakter verliert und mehr und mehr zum Normalfall wird.

Auch in Unternehmerkreisen hat in den letzten Jahren die Anspruchs- und Subventionsmentalität deutlich zugenommen – das ist bedenklich.

Wenn man auf die meisten dieser öffentlichen Hilfen heute kaum verzichten kann, so ist dies ein Beweis dafür, daß die wirtschaftlichen Rahmenbedingungen in der Bundesrepublik nicht mehr in Ordnung sind. Da nützt es wenig, die relativ gute Konjunkturlage oder das beschleunigte Wirtschaftswachstum ins Feld zu führen – ein Wachstum übrigens, das ohnehin durch kreditfinanzierte Sonderprogramme des Staates statistisch aufgebläht ist und nicht unbedingt die tatsächliche Wirtschaftsdynamik widerspiegelt.

So werden wir auf absehbare Zeit mit den Lasten einer kostspieligen Korrektur- und Reparaturpolitik leben müssen, die als wirtschaftsfreundliche Förderung firmiert, gro-

ßenteils aber nur die Folge früherer wirtschaftsfeindlicher Maßnahmen darstellt. Nicht zuletzt wegen des kostspieligen staatlichen Dirigismus nähert sich der Bundeshaushalt immer mehr der Grenze seiner Belastbarkeit. Bereits 15 Prozent des gesamten Ausgabenvolumens muß der Bundesfinanzminister 1979 für den Schuldendienst aufbringen. Wenn es so weiter geht wie bisher, ist der Zeitpunkt absehbar, zu dem die höchstens durchsetzbare Neuverschuldung gerade noch ausreicht, die Zinsen und Tilgungsraten der Altschulden zu decken. Diese Politik ist für unser Gemeinwesen zu teuer. Sie überfordert auf Dauer unsere gesamte Volkswirtschaft, nicht zuletzt aber auch die öffentlichen Haushalte, die bereits so tief in eine finanzielle Sackgasse geraten sind, daß sie sich nur noch eines leisten können: mehr Marktwirtschaft!
Gefordert sind also:

- nicht immer neue Einzelregelungen, Sonderprogramme und Förderungsmöglichkeiten,

sondern:

- marktwirtschaftliche Rahmengestaltung, die Freiheits- und Verantwortungsräume erhält und Marktbedingungen sichert, unter denen sich der Tüchtige und Fleißige bewähren kann, unter denen gutgeführte Betriebe jeder Größenordnung entstehen und sich auch auf Dauer behaupten.

Nur eine solche Rahmenpolitik sichert das erforderliche Wachstum und schafft und erhält neue Arbeitsplätze.

Noch immer hat sich die Selbstregulierung von Angebot und Nachfrage jeder Mangelverteilung überlegen erwiesen. Ein vollkommen gerechtes, Schwierigkeiten und Mängel vermeidendes und alle irdischen Glücksgüter in Fülle ausgießendes Wirtschaftssystem hat es allerdings nie gegeben und wird es nie geben. Zielkonflikte und soziale Konflikte um die gerechte Verteilung des Sozialprodukts gehören zur Wirklichkeit unserer freiheitlichen Ordnung.

Wer aber im Konflikt die entscheidende Triebkraft menschlichen Zusammenlebens überhaupt sieht, ist letztlich ein Gegner der Freiheit. Auch der soziale Konflikt muß mit dem Blick für die Gesamtverantwortung auf dem Boden des demokratischen Konsensus mit demokratischen Mitteln ausgetragen werden. Auch unseren Gewerkschaften darf es nicht um Krieg oder Frieden gehen, sondern um die Austragung aller Konflikte im Rahmen der Verfassungsnormen, und dies heißt in dem Bewußtsein, daß das Gemeinsame wichtiger ist als das Trennende.

Niemand – die Unternehmer so wenig wie die Arbeitnehmer, die Bundesregierung so wenig wie die Bayerische Staatsregierung – kann Träger und Verwirklichung eines endzeitlichen Zustandes ewiger sozialer Harmonie, menschlichen Glücks und erfüllter Gerechtigkeit sein.

Unserem politischen Handeln sind Grenzen gezogen, die wir nicht straflos überschreiten dürfen. Und wenn wir diese Grenzen erkennen, sind wir nicht nur gefeit gegen die ganz große, systemüberwindende, heilbringende Utopie, sondern auch gegen die Versuchung, dem freiheitlichen Staat mehr Aufgaben zu geben als ihm zukommen. Der Erfolg der Sozialen Marktwirtschaft in der Bundesrepublik Deutschland ruht in erster Linie auf dieser Einsicht und auf dieser Bescheidung.

So hat sich diese Marktwirtschaft entwickelt, nicht als »eine Wolfsgesellschaft, in der der Stärkste sich durchsetzt und den Kleinsten zerbeißt« (Klose im »Konkret«-Interview vom Dezember 1978), sondern als eine wahrhaft soziale Ordnung,

- in der Wohlstand für alle geschaffen und ein leistungsfähiges System sozialer Sicherung errichtet wurde,
- in der jeder nach seinen Leistungen an diesem Wohlstand teil hat,
- in der die Bevölkerung infrastrukturell bestmöglich versorgt ist,
- dank der die Bundesrepublik einen bedeutenden Beitrag zur Verteidigung der freien Welt leistet.

Noch immer gelten die Erkenntnisse, die Adam Smith 1776 in seinem Buch »Der Wohlstand der Nationen« niederschrieb:

»Ein Staatsmann, der es versuchen sollte, Privatleuten vorzuschreiben, auf welche Weise sie ihr Kapital investieren sollten, würde sich damit nicht nur höchst unnötig eine Last aufbürden, sondern sich auch gleichzeitig eine Autorität anmaßen, die man nicht einmal einem Staatsrat oder Senat, geschweige denn einer einzelnen Person anvertrauen könnte; eine Autorität, die nirgendwo so gefährlich wäre wie in der Hand eines Mannes, der dumm und dünkelhaft genug sich auch noch für fähig hielte, sie auszuüben.«

Was die Marktwirtschaft braucht, das ist nicht der irrationale Glaube an die höhere Weisheit einer Bürokratie, und sei sie noch so hochqualifiziert. Keine Regierung und keine Verwaltung besitzt die prophetischen Fähigkeiten, die es ihr erlaubten vorauszusehen, ob die Milliarden an Steuermitteln, die sie lenkend investieren, auch tatsächlich nutzbringend und wohlstandsfördernd wirken. Und wer steht gerade, wenn sich die staatlichen Planungen und Investitionen als Fehlplanungen und Fehlinvestitionen erweisen sollten?

Kehren wir also zurück zu jenem Optimismus, zu jenem kämpferischen Selbstbewußtsein, das es den Unternehmen erlaubt, im freiheitlichen Staat ohne Gängelung, Lenkung und Verplanung in eigener Verantwortung und auf eigenes Risiko zu investieren, zu produzieren und zu verkaufen und so dazu beizutragen, daß die Menschen in unserem Vaterland weiterhin in Wohlstand leben können und Deutschland seinen Platz an der Spitze des wissenschaftlich-technischen Fortschritts behält.

Die Raumfahrt – Leistung einer schöpferischen Minderheit

Seitdem vor nunmehr zehn Jahren der erste Mensch den Mond betreten hat, ist die Erforschung des Weltraums schon zur Routine geworden. Daß auch ein mehrmonatiger Aufenthalt in einer Raumstation offenbar ohne besondere Gesundheitsschäden möglich ist, hat der bisher längste Aufenthalt im Weltraum gezeigt, den sowjetische Kosmonauten vor kurzem glücklich abgeschlossen haben. Sozusagen ist im Weltraum schon der Alltag eingekehrt.

Ebenfalls in diesem Jahr bewiesen uns die großartigen Fotos von den Planeten Jupiter und Saturn, die von amerikanischen Pionier-Sonden übermittelt wurden, wie erstaunlich leistungsfähig unbemannte Raumflugkörper sein können. Hierdurch wurden uns die Augen geöffnet für die gewaltigen Möglichkeiten, die sich den Forschern allein in unserem Sonnensystem noch bieten.

Aber auch die Risiken der Weltraumforschung sind einer breiten Öffentlichkeit durch den Absturz von Skylab vor Augen gestellt worden. Gerade dieses Beispiel aber zeigt, daß es zwei Skylab-Gefahren gegeben hat, nämlich die wirkliche und die headline-typische. Der Vergleich mit der Kernkraft zwingt sich geradezu auf.

Frühere Jahrhunderte träumten vom Flug in den Weltraum – Generationen begeisterten sich an Jules Vernes »Reise zum Mond«. Aber erst kurz vor dem Zweiten Weltkrieg gelang den Forschern der erste Durchbruch in der

Raketentechnik und bald danach in der Weltraumfahrt, und aus den Träumen der Dichter wurde in den Schrecken des Krieges stählerne Wirklichkeit. Wissenschaftliche Forschung und technische Entwicklungsarbeit waren in jener Zeit mit dem Namen Peenemünde untrennbar verbunden. Der Krieg war der Vater, um mit Heraklit zu sprechen, hoffentlich ist der Friede die Tochter der Weltraumforschung.

Die Gerechtigkeit gebietet hier einen Namen zu nennen, nämlich Professor Hermann Oberth, dessen Heidelberger Dissertationsarbeit über die Raketentechnik in den zwanziger Jahren wegen grober Unwissenschaftlichkeit zurückgegeben wurde. Bekanntlich hat ja auch das Reichspatentamt die erste Patentschrift über »Fluggeräte schwerer als Luft« als offensichtlichen Unsinn zurückgewiesen.

In Meyers Handbuch über die Technik heißt es:

»Der Flüssigkeitsraketenantrieb, der zum ersten Male 1942/44 großtechnisch mit A4-Gerät (V-2) in Peenemünde entwickelt wurde, bildet heute das Rückgrat der gesamten Raumfahrttechnik in den USA, in der SU und auch in Europa (ELDO-Programm). Seit dieser Zeit hat sich die technische Grundkonzeption kaum geändert.«

In diesem Zusammenhang brauche ich nur an das Lebenswerk Wernher von Brauns und dessen Stationen zu erinnern.

Die Forschungsarbeiten wurden nach dem Zweiten Weltkrieg zunächst im wesentlichen nur von den Vereinigten Staaten und der Sowjetunion durchgeführt. Am 4. Oktober 1957 trat die Menschheit mit dem Start des ersten SPUTNIK in das Zeitalter der eigentlichen Weltraumfahrt ein. Seit dieser Zeit haben die USA und die UdSSR eine Vielzahl von Pionierleistungen erbracht. Auch andere Nationen beteiligen sich zunehmend und mit wachsendem Erfolg an der Erforschung des Weltalls, und nur die gewaltigen Kosten bremsen bisweilen ihren Eifer. Bedenkt man die Haltung der Staaten in der Frage der Hoheitsrechte im Küstenbereich, etwa im Zusammenhang mit der Ausdehnung der 12-Meilen-Zone, so ist es besonders erfreulich, daß auf den Weltraum keine Souveränitätsansprüche erhoben werden. In den bereits 1967 und 1968 abgeschlossenen Verträgen über die Grundsätze bei der Erforschung und Nutzung des Weltraums und im Übereinkommen über die Rettung und Rückführung von Raumfahrern wurde dieser Souveränitätsverzicht auch völkerrechtlich abgesichert.

In ungewöhnlich hohem Maße hängen Raumfahrt, Raumfahrttechnik, Raumfahrtwirtschaft und Technikpolitik von der internationalen politischen und wirtschaftlichen Entwicklung ab, beeinflussen sie aber auch.

Zwar ist die gegenwärtige Weltlage befriedigend, die Zukunftsaussichten für die achtziger Jahre geben jedoch Anlaß zur Sorge, denn für uns alle werden die Rahmenbedingungen immer schwieriger. Dies sei nur in ein paar Stichworten angedeutet: Energie und Rohstoffe zu bezahlbaren Preisen, Gewitterwolken über den Wetterecken der Weltpolitik, ein sich ankündigender Führungswechsel in der Sowjetunion und gleichzeitige Führungsfragen in den USA, weltweite Inflation, wachsende Staatsverschuldung, gekoppelt mit einer Anspruchsinflation, die in Wahlkämpfen weiter angeheizt wird. Dreifach ist die Herausforderung, vor der die Welt heute steht: Sicherheitspolitisch, wirtschaftlich und gesellschaftlich-ideologisch. Weil wir verpflichtet sind, Frieden und Freiheit zu bewahren, tut internationale Zusammenarbeit not, die gegründet ist auf Wirklichkeitssinn, Vernunft, geschichtliche Erfahrung, Interessenausgleich, Gleichgewicht und Gerechtigkeit.

Im Vergleich zu anderen Bereichen ist in der Raumfahrt ein hoher Grad von Zusammenarbeit zwischen sonst rivalisierenden Staaten erreicht. Sie fand ihren sichtbarsten Ausdruck im gemeinsamen Apollo-Sojus-Raumfahrtunternehmen der USA und der UdSSR. Auch dieser Kongreß zeigt, wie eng die Begegnungen und wie stark der Informationsfluß sind. Aber diese gute Zusammenarbeit auf dem Gebiete der Weltraumfahrt schließt nicht aus, daß sie nicht noch besser werden könnte. Die Weltraumfahrt kann mit ihren vielen Möglichkeiten zur Überwachung durch Satelliten der internationalen Sicherheit dienen, das militärische Gleichgewicht zwischen Ost und West herstellen helfen und damit vertrauensfördernd wirken. Lange Zeit war ja bekanntlich die Frage der Überwachung ein fast unüberwindliches Hindernis auf dem Wege zu einem Abkommen wie etwa SALT II. Hoffentlich bleibt uns der Alptraum von ständigen militärischen Raumstationen oder vom Weltraum aus auf die Erde gerichteten Massenvernichtungsmitteln erspart!

In hohem Maße wirkt die Weltraumforschung und -technik auch auf andere Bereiche, so z. B. auf die Entwicklung in der Elektronik. Schon deshalb können hochindustrialisierte Länder nicht auf sie verzichten. Zwar erwirtschaftet die gesamte Luft- und Raumfahrtindustrie in der Bundesrepublik Deutschland nur 0,4 Prozent des Bruttosozialprodukts, und die Raumfahrt bringt es nur auf einen Anteil von rund 6 Prozent des Umsatzes beider Industriezweige, dennoch können die gewaltigen Kosten weder von der Industrie eines Landes allein, noch von einem einzigen europäischen Staat, sondern nur noch entweder von den Großmächten oder von Staatengruppen aufgebracht werden.

Damit rede ich aber nicht einer einseitigen Internationalisierung des gesamten Weltraumprogrammes das Wort. In wesentlichen Teilbereichen hat sie zu vorzüglichen Ergebnissen geführt, etwa auf dem Gebiete der Wettersatelliten. Nationalstaatliche Alleingänge konnten den erforderlichen Anschluß nicht mehr sicherstellen.

Deshalb kam es schon frühzeitig zu internationalen Zusammenschlüssen, schließlich 1975 zur Gründung des European Space Agency (ESA) mit dem Sitz in Paris. Diese Europäische Weltraumbehörde arbeitet eng mit der NASA zusammen. Aber es genügt nicht, daß die europäischen Staaten sich angemessen an übernationalen Programmen beteiligen, sie müssen auch nationale Forschungs- und Entwicklungsaufgaben angehen. Denn es geht heute darum, Europas Selbstbehauptungswillen zu stärken und sein Mitbestimmungsrecht in der Welt zu verteidigen. Nur dann wird Europa sein geistiges und materielles Erbe für die Zukunft aller Völker nutzbar machen können, wenn es in der wissenschaftlich-technischen Entwicklung wieder zu einem führenden Kontinent und damit zu einem unentbehrlichen Techniklieferanten, ja zu einer techniktransferierenden Denkschmiede gemacht wird. Mit übertriebenem Ehrgeiz, internationalem Prestige oder unerfüllbarer europäischer Großmannssucht hat dies nichts zu tun. Es gilt vielmehr, auch in der Weltraumtechnik zu den europäischen Erfolgen zu gelangen, wie sie auf dem Sektor Luftfahrt mit Airbus, Concorde und verschiedenen militärischen Flugzeugentwicklungen schon zu verzeichnen sind.

Bald wird ein eigenes europäisches Trägersystem ARIANE startreif sein, und im Satellitenbau werden schon seit Jahren Spitzenleistungen erzielt. So hat der Wettersatellit METEOSAT I 1977 seinen Betrieb erfolgreich aufgenommen, und für 1980 ist der Start eines zweiten europäischen Wettersatelliten vorgesehen. Ferner sind die deutsch-französischen Versuchs-Nachrichtensatelliten SYMPHONIE schon in Betrieb, und auf dem Gebiete der Nachrichtenübermittlung zeichnen sich weitere erfolgversprechende Entwicklungen ab (TELECOM). An der Entwicklung von Spacelab ist auch eine europäische Firmengruppe beteiligt. Man sollte sich aber bereits heute darum bemühen, eine hinreichende Nutzung von Spacelab auch für europäische und deutsche Forschungsprogramme auf Dauer zu sichern.

Allein in der Bundesrepublik Deutschland werden jährlich mehr als eine halbe Milliarde DM für Weltraumforschung und Weltraumtechnik aus öffentlichen Mitteln bereitgestellt (1979 644 Millionen DM Bundesmittel). Dazu kommen die Aufwendungen der Länder für die Hochschul- und hochschulfreie Forschung.

Nicht ohne Stolz stelle ich fest, daß Firmen und Forschungseinrichtungen, die im Freistaat Bayern ihren Sitz haben, in hohem Maße an diesen Projekten beteiligt sind. Unternehmen wie z. B. Messerschmitt-Bölkow-Blohm, Dornier, Siemens, Rohde & Schwarz sowie die Deutsche Forschungs- und Versuchsanstalt für Luft- und Raumfahrt bilden mit ihren hochqualifizierten Mitarbeitern und ihren zukunftsorientierten Arbeiten wichtige Säulen auch der bayerischen Wirtschaft und Wissenschaft.

Mit Dank und Anerkennung nenne ich die Max-Planck-Gesellschaft mit ihrem Institut für Physik und Astrophysik in München-Garching, wo gegenwärtig Versuche mit dem Röntgenteleskop unternommen werden, ferner die wissenschaftlichen Arbeiten auf dem Gebiet der Luft- und Raumfahrt an der Technischen Universität München.

In Bayern mögen Traditions- und Geschichtsbewußtsein

stärker verankert sein als anderswo – wissenschaftlich-technischer Wagemut und der Aufbruch in unentdeckte und ungewisse Bereiche menschlichen Denkens und Forschens sind hierdurch jedoch niemals behindert, eher gefördert worden. So hat schon um die Mitte des 19. Jahrhunderts der bayerische Unteroffizier Wilhelm Bauer ein Unterseeboot gebaut und ist damit getaucht. Ferner haben uns berühmte amerikanische Astronauten bestätigt, daß wir Bayern keineswegs hinter dem Mond leben, wie manche Zeitgenossen in einer Mischung aus Wahn und Neid noch immer trotzig behaupten. Der Kommandant von Apollo 15, Al Worden, hat uns bescheinigt:

»Let me assure you that at no time during my 75 lunar orbits did I see a Bavarian behind the moon.
My very best wishes to you and all my friends in Bavaria.«

Die Raumfahrt ist wohl der bedeutendste Schrittmacher des technischen Fortschritts in unserer Zeit. Aber technische Leistungen und Forschungsergebnisse sind nicht nur bewundernswert, sie wirken sich auch auf die gesamte Volkswirtschaft aus. Über die Zulieferindustrie und die wissenschaftlichen Folgeprodukte wird unser ganzes Wirtschaftsleben unmittelbar und mittelbar beeinflußt. Fast unüberschaubar ist inzwischen die Fülle der Anwendungsbereiche, aber am sichtbarsten für den Bürger bleibt der Fortschritt auf dem Gebiete der Nachrichtenübermittlung. Telefongespräche via Satellit gehören ebenso zu unserem Alltag wie die direkte Übertragung von Sportveranstaltungen auf einem anderen Erdteil. Satelliten beobachten und vermessen die Erdoberfläche, spüren neue Rohstofflagerstätten auf, beobachten Menge und Qualität der Ernten und leisten somit einen Beitrag zum weiteren Überleben der noch immer stark wachsenden Erdbevölkerung. Auch die medizinische Diagnose und Therapie ist durch die Weltraumtechnik bereichert worden, etwa in der Gastroskopie. Ohne die Schubkraft der Weltraumprojekte wären Mikrotechnik und Datenverarbeitung in diesem Ausmaß kaum möglich gewesen. Die Bürger können versichert sein, daß die Mittel für die Weltraumforschung gut angelegt sind, bis zur Teflon-Bratpfanne und den Weltraumhandschuhen für Skifahrer und Bergsteiger.

Allerdings läßt sich an der Vielzahl der geförderten Projekte und an der Höhe der investierten Mittel allein nicht ablesen, ob eine Forschungspolitik erfolgreich ist. Allein das Maß an Innovation entscheidet über den wissenschaftlichen und volkswirtschaftlichen Erfolg. Forschungspolitik bietet das schlechteste Turnierfeld für Dirigismus, Gesellschaftsveränderung und Bürokratie, die für jedes geförderte Vorhaben Hunderte von Fachreferenten, externen Beratern, Projektbegleitern und Projektträgern braucht. Im gesamten Bereich der Technikpolitik ist ein ausgewogenes Verhältnis zwischen unmittelbarer, projektgebundener Förderung und mittelbarer, z. B. steuerlicher Forschungsförderung herzustellen.

Der Freistaat Bayern hat nach dem Kriege in langfristiger Zielsetzung die umweltfreundliche und zukunftsträchtige »schornsteinlose« Industrie gefördert, also besonders Elektronik, Luft- und Raumfahrt. Heute sind rund 50 Prozent (Personal: 49,1 Prozent, Umsatz: 53,3 Prozent) der deutschen Luft- und Raumfahrt-Kapazität im Freistaat Bayern angesiedelt. Ich freue mich, daß unsere Industrie – und natürlich auch die norddeutsche – erfolgreich an zukunftsträchtigen Raumfahrt-Projekten mitarbeitet.

Zwar werden die technischen Beiträge der Bundesrepublik von den Partnerländern wieder voll anerkannt, das industrielle Volumen auf den Gebieten Luft- und Raumfahrt entspricht aber vergleichsweise zu den USA, Großbritannien und Frankreich mit Abstand nicht der industriellen und wirtschaftlichen Bedeutung der Bundesrepublik, die noch vielfach als Juniorpartner angesehen wird – allerdings nicht beim Finanzbeitrag der Bundesrepublik zu internationalen Projekten und bei internationalen Organisationen. Einige abgerundete Zahlen mögen das verdeutlichen:

In der Luft- und Raumfahrtindustrie der USA sind rund 1 Million Mitarbeiter beschäftigt. 1977 wurde ein Umsatz von 75 Milliarden DM erzielt. Die englische Luft- und Raumfahrtindustrie erzielt mit 200 000 Mitarbeitern 8 Milliarden DM, die französiche mit 100 000 Mitarbeitern rund 11 Milliarden DM Umsatz, während die Luft- und Raumfahrtindustrie in der Bundesrepublik Deutschland mit rund 50 000 Mitarbeitern auf einen Jahresumsatz von 5 Milliarden DM kommt. (Die Zahlen beziehen sich jeweils auf das Jahr 1977.)

Entsprechend verhält sich auch das Branchen-Exportvolumen der einzelnen Länder zueinander:

USA	20	Md. DM
Großbritannien	4	Md. DM
Frankreich	7	Md. DM
Bundesrepublik Deutschland	1,7	Md. DM

Der neu-puritanischen Ideologie der Technik- und Wissenschaftsfeindlichkeit gilt es entschieden entgegenzutreten, denn nicht ein »retour à la nature« löst die Probleme der Menschheit, sondern nur eine wachsende Wirtschaft mit immer neuen Techniken. Wir haben zu wenig bahnbrechende Erfindungen und zu wenig wirklich neue Produkte. Der Blick auf die Internationale Automobilausstellung in

Frankfurt zeigt, daß zwar Erfindungen aus dem 19. Jahrhundert bis zur letzten Feinheit ausgereift sind, daß aber wirklich neue, bahnbrechende Erfindungen nicht oder nicht zureichend vorliegen. Angesichts der großen Probleme, die im Bereich Energie und Rohstoffe auf uns zukommen, sind wir auf technische Durchbrüche geradezu angewiesen.

Während sich die Regierungen in einigen Ländern der Dritten Welt verzweifelt darum bemühen, ihre Bevölkerung zu ernähren und Arbeitsplätze zu schaffen, sie am Wohlstand der Welt teilhaben zu lassen, predigen in den hochindustrialisierten Ländern manche die Rückkehr zum einfachen Leben. Zwar kann unsere Gesellschaft einige Sozialschmarotzer ertragen, die unter Verzicht auf eigene Leistung die Segnungen der Infrastruktur genießen, die von der arbeitenden Bevölkerung geschaffen werden, aber als Zukunftsperspektive wäre ein Nullwachstum oder gar ein Rückgang verhängnisvoll. Drastische Inflationsraten, steigende Arbeitslosigkeit bei fallenden Löhnen, die Zerstörung unseres sozialen Systems, das Schwinden unserer Hilfsmöglichkeiten gegenüber den Entwicklungsländern, Verarmung, neiderfüllte Verteilungskämpfe und eine bedrohliche Verminderung unserer äußeren Freiheit wären die weiteren Folgen.

Das alles kann nur verhütet werden durch eine Politik, die Wachstumskräfte freisetzt und erhält. Und zu diesen Wachstumskräften gehören auch der Rohstoff »menschlicher Geist« und die menschliche Leistungsfähigkeit. Ob man es wahrhaben will oder nicht: Der wirtschaftliche und soziale Aufstieg der breiten Massen unseres Volkes und ihre erweiterten Bildungs- und Mitwirkungschancen können nur bewahrt und ausgestattet werden, wenn eine schöpferisch-geniale Minderheit neue Erzeugnisse schafft, neue technische Spielräume und Anwendungsmöglichkeiten eröffnet und damit bisher für unlösbar gehaltene Fragen lösbar macht. Wenn in weiten Teilen der Welt, auch unter dem Einfluß einer ideologiebestimmten, die Leistung senkenden Bildungspolitik Freude und Interesse an Naturwissenschaft und Technik und Beschäftigung mit ihnen schwinden, so ist dies eine verhängnisvolle Entwicklung. Ohne Eigenlob dürfen wir in Bayern feststellen, daß die naturwissenschaftlichen und technischen Fächer sich steigender Beliebtheit erfreuen.

Wir müssen die jungen Menschen davon überzeugen, daß Naturwissenschaft, Technik und ihre industrielle Nutzung nicht die Feinde unserer natürlichen Umwelt und einer menschlichen Gesellschaft sind. Neben der Kernforschung und der für friedliche Zwecke eingesetzten Kernenergie stellt die Luft- und Raumfahrtindustrie einen der modernsten und unentbehrlichsten Zweige der Technik in unserer Zeit dar. Der Verzicht eines Staates auf intensive Förderung beider Innovationsbereiche würde ihn seiner industriellen und damit weltwirtschaftlichen Zukunft berauben. Kein verantwortungsbewußter Politiker darf sich in unserer wettbewerbsorientierten Gesellschaft einen wie auch immer ideologisch verbrämten oder wahlpropagandistisch begründeten »Schritt in Richtung Steinzeit« leisten. Es ist einer möglichst breiten Öffentlichkeit eindringlich klarzumachen, daß es ohne technische Neuerung heute für die Jugend der Welt kein Morgen gibt, wie sie es erwartet. Diese Erkenntnis gilt ganz besonders für Forschung, Entwicklung und Produktion der Luft- und Raumfahrtindustrie, die ja in ihren wesentlichen Bereichen von jungen Wissenschaftlern und Ingenieuren aufgebaut und getragen wird. Wer die Krankheiten unserer Zeit heilen will, darf nicht den technischen Fortschritt beschneiden, er muß vielmehr die Lebens- und Wertorientierung unserer Bürger stärken.

Dieser 30. Internationale Astronautische Kongreß in München hat über seine Bedeutung als Forum wissenschaftlichen Austausches und menschlicher Begegnung hinaus auch die Aufgabe und sicher auch die Wirkung, in den Menschen die Vernunft zu wecken, ihnen die Angst vor der Zukunft zu nehmen und Hoffnung zu geben.

Mit aller Kraft für Deutschland

Mut brauchen wir in diesen Zeiten, um die Zustände zu beenden, die sich in den letzten Wochen gezeigt haben. Die Herren, die dafür verantwortlich sind, sollen sich nicht vor der Verantwortung drücken, auch wenn sie jetzt die Geister nicht mehr los werden, die sie selbst gerufen haben! Ich möchte ein besonderes Wort des Dankes dem Herrn Bundesparteivorsitzenden der CDU, unserem Freund Helmut Kohl, für diese kämpferische Rede sagen, in der er genau den Auftakt für das geliefert hat, was ich in diesem politischen Rechenschaftsbericht hier vor Ihnen darlegen will. Herzlichen Dank dafür, daß er die Grundlinien der gemeinsamen kämpferischen Politik deutlich aufgezeigt hat.

Ich möchte meine Rede nicht beginnen, ohne zu sagen, daß dieser Parteitag unter dem Schatten des Todes von Dr. Josef Müller steht, des Gründers und ersten Vorsitzenden der Christlich-Sozialen Union in Bayern. Wir haben seiner in Dankbarkeit und Ehrfurcht bereits gestern zu Beginn des Parteitages gedacht als des Wegbereiters neuer, zukunftweisender politischer und geistig-weltanschaulicher Wege für die CSU, für Bayern, für Deutschland. Er hat damals in schweren Auseinandersetzungen über das Selbstverständnis unserer politischen Gemeinschaft auch folgerichtig den Unionsgedanken vertreten und durchgesetzt. Er hat sich kompromißlos für eine freiheitliche, fest auf dem christlichen Sittengesetz und dem christlichen Menschenbild ruhenden Ordnung von Staat und Wirtschaft eingesetzt. Seine bis an das Lebensende, selbst mit immer schwächerer Stimme, ausgesprochene Mahnung war, für die Freiheit und gegen das Kollektiv zu kämpfen.

Er sah den Hauptsinn der Politik der CSU in der Zeit der Gründung nach dem Dritten Reich – und einige sind ja hier, die es persönlich miterlebt und von ihm gehört haben – und im Hinblick auf die großen geistigen Auseinandersetzungen, vor denen wir standen, darin, uns, der nächsten Generation, immer wieder einzuhämmern, einzutrichtern: Vergeßt nicht, die Entscheidung heißt: Freiheit oder Kollektiv! Das ist auch das Motto, unter dem wir unseren politischen Kampf in den letzten Jahrzehnten gesehen und geführt haben, wie wir ihn mit neuen Akzenten auch im Jahre 1980 und in den folgenden Jahren führen werden. So hat Josef Müller in der gedanklichen Vorbereitung und in der praktischen politischen Durchsetzung Voraussetzungen für die großen Erfolge der CSU geschaffen.

Heute ist die CSU die große freiheitliche Volkspartei in Bayern, verwurzelt in allen Bezirken unseres Landes, in allen sozialen Gruppen, in allen Altersstufen – das darf ich mit besonderem Nachdruck sagen –, mit Ausstrahlung in das ganze Bundesgebiet und nach Europa. Seit mehr als drei Jahrzehnten trägt die CSU die politische Verantwortung in Bayern, mit nur kurzer Unterbrechung. An der Seite der CDU war sie mit Konrad Adenauer, Ludwig Erhard, und – ich möchte hier bewußt auch einen dritten Namen nennen – Fritz Schäffer die Partei des rechtsstaatlichen Wiederaufbaus, des wirtschaftlichen Aufstiegs, der finanziellen Solidität und Stabilität, der sozialen Sicherheit, der Wiedereingliederung des freien Teiles unseres Vaterlandes in die

Gemeinschaft der freien Völker Europas und der westlichen Welt, der realistischen und ehrlichen Ordnung unserer Beziehungen zu den östlichen Nachbarn und unerschrokkene Vorkämpferin für die deutsche Einheit in Frieden und Freiheit.

In den großen Städten Bayerns wie draußen auf dem flachen Lande ist die CSU heute die stärkste, die gestaltende, die prägende politische Kraft. Die Wahlergebnisse bestätigen es. Die CSU hat das Vertrauen der bayerischen Bevölkerung, dank ihrer Grundsätze, dank ihrer Politik, nicht zuletzt auch dank der Tatsache, daß die CSU als bayerische Partei sich stets auch ihrer gesamtdeutschen Verantwortung bewußt gewesen ist. Auch das ist nicht zuletzt dem Wirken Dr. Josef Müllers zu verdanken, wenn ich an seine Reisen in den ersten Jahren nach dem Zweiten Weltkriege nach Ostberlin denke. Das Leitwort dieses Parteitages »Mit aller Kraft für Deutschland« hätte auch als Leitwort über seinem politischen Leben stehen können.

Wir stehen jetzt am Vorabend eines Bundestagswahlkampfs, an dessen Ende eine Wahlentscheidung liegt, die in ihrer Bedeutung den Wahlentscheidungen der Jahre 1949 – wo es um die Einführung der Sozialen Marktwirtschaft oder der sozialistischen Planwirtschaft ging – und der Wahlkämpfe 1953/1957 – als es um den Eintritt in die westlichen Gemeinschaften, um die Pariser Verträge, die Römischen Verträge, den Eintritt in die NATO und den Aufbau der Bundeswehr ging – in keiner Weise an Bedeutung nachsteht. Wir müssen uns dessen bewußt sein, daß die Wahlen des Jahres 1980 für das letzte Fünftel dieses Jahrhunderts wegweisende, weichenstellende und entscheidende Bedeutung haben werden, genauso wie die Wahlen der 50er Jahre. 1969 sind nach 20jähriger Aufbauarbeit CDU und CSU durch die inzwischen zu Blockparteien degenerierten SPD und FDP abgelöst worden. So können wir in der Geschichte der Bundesrepublik Deutschland unterscheiden zwischen der aufbauenden pragmatischen Phase von 1949 bis 1969, der visionär-utopischen Phase von 1969 bis 1974, der labil-unsicheren Phase von 1974 bis heute. Unser Ziel heißt: 1980 muß die solid-zukunftssichernde Phase durch die CDU und CSU kommen.

Um dieses Ziel zu erreichen, müssen CDU und CSU politische Parteien sein, im besten Sinn des Wortes. Das heißt: politische Willens-, Aktions- und Kampfgemeinschaften, nicht politische Geselligkeitsvereine, Diskussionszirkel oder gesellschaftspolitische Studiengruppen. CDU und CSU sind Volksparteien mit großen, ständig wachsenden Mitgliederzahlen, großer Einzugsbreite und einer alle sozialen Schichten abdeckenden Spannweite. Ihr Boden ist nicht irgendeine Ideologie, sondern ist die christliche Weltanschauung, ist das christliche Sittengesetz in der weitesten Bedeutung des Wortes. Sie sind christlich-sozial, sie sind wertgebunden-liberal, sie sind modern-konservativ, sie sind geschichtlich-geläutert national und sie sind europäisch-fortschrittlich. Auf diesem Boden und mit diesem Hintergrund arbeiten wir mit dem Willen zur politischen Gestaltung Deutschlands, zur Mitgestaltung Europas, zur Mitbestimmung in der Weltpolitik. Wir wissen, daß Programme notwendig sind, Problemdiskussionen zweckmäßig, kritische Selbstdarstellung unvermeidlich und unter Umständen unentbehrlich. Sie ersetzen aber nicht den Willen zur demokratischen Macht, und sie ersetzen nicht den Kampf um sie. Unsere in die Tat umgesetzte Alternative zur gegenwärtigen Bonner Politik des Schillerns, Schaukelns, Schwebens, Schwimmens und Schwätzens ist ein Gebot der geschichtlichen Stunde.

Es wird in den kommenden Monaten deshalb darauf ankommen, unsere sachlichen politischen Alternativen zur Bonner Koalition zu formulieren und dem letzten Wähler verständlich zu machen, denn wir müssen uns von vorneherein darauf einrichten, daß ein großer und nicht unbedeutender Teil der Massenmedien genau das Gegenteil will, nämlich uns daran hindern, unseren politischen Willen dem Wähler klarzumachen. Unser Problem ist die Durchsetzung der Wahrheit, und die Hoffnung der SPD ist die Verleugnung der Wahrheit – darum geht es auch in dieser Auseinandersetzung. Unser politischer Wille heißt konsequente Freiheitssicherung und Friedensbewahrung, ausgerichtet an den deutschen Interessen, an den weltpolitischen und weltwirtschaftlichen Realitäten, Förderung des wirtschaftlichen Wachstums und Wiedergewinnung der finanziellen Stabilität auf der Grundlage einer arbeitsfähigen Marktwirtschaft, moralische wie materielle Förderung der Familie ebenso wie eine nach den Maßstäben der Gerechtigkeit wieder gestalteten Sozialpolitik, deren Kernstück die von uns geschaffene dynamische Altersrente ist und bleiben muß, eine Politik, dem Bürger gegenüber ehrlich, verläßlich gegenüber unseren Freunden im Ausland, vertrauenswürdig für unsere Vertragspartner auch im Osten.

Es kommt entscheidend darauf an, daß die auf Freiheitssicherung und Friedensbewahrung, auf Stabilität und Solidität gerichteten Ziele unserer Politik von allen Mitgliedern unserer Partei, von allen Amtsträgern und Mandatsinhabern aller Ebenen in beiden Unionsparteien in vollem Einsatz und geschlossen vor den Wählern vertreten werden. Unser aller Einsatz muß dem Ziel gelten, die bis dahin elfjährige Herrschaft der Linken in Bonn wieder zu beenden. Man rede mir ja nicht ein, daß die Herrschaft der Linken mit Helmut Schmidt ein Ende genommen habe. Er ist die beste Tarnfigur für das, was hinter ihm weiterhin vor sich geht. Das Schiff driftet nach wie vor nach links, nur der Kapitän schaut mit der Prinz-Heinrich-Mütze zum rechten Bullauge heraus! Wir müssen im Bund endlich wieder eine illusionsfreie, sachbezogene und solide Politik für den Bürger ermöglichen.

Das Ergebnis der Europawahl, die Ergebnisse der Wahlen in Großbritannien und Schweden haben bewiesen, daß der Marsch in den kollektivistischen Wohlfahrtsstaat kein unaufhaltsames Naturereignis ist, dem man nur mit Resignation und gelegentlicher Bremswirkung, sozusagen ohnmächtig wie einer Naturgewalt gegenüberzustehen hätte. Trotz der konzertierten Aktion der sozialistischen Parteien und – leider sage ich es – des Deutschen Gewerkschaftsbundes ist der sozialistische Generalangriff auf Europa nach dem Motto »Europa wird nicht sein oder sozialistisch sein« abgewendet worden. Wenn auch die Wahlbeteiligung nicht so groß war wie sonst bei Landtags- und Bundestagwahlen: Das Wahlergebnis hat bewiesen, daß die Unionsparteien und ganz besonders die CSU in Bayern in der breiten Masse unserer Bevölkerung fest verwurzelt sind.

Aus der Bundesrepublik darf kein muffiges, stickiges, sogenanntes Volksheim für politisch entmündigte Objekte bürokratischer Totalbetreuung werden. Die Bundesrepublik Deutschland muß ein Land freier, schöpferischer Menschen, das Land einer offenen Gesellschaft, verantwortlich handelnder Bürger und – das können wir nicht laut genug sagen – das Land einer frohen Jugend bleiben oder dort wieder werden, wo es verlorengegangen ist. Deshalb muß der entscheidende politische Wandel im Herbst 1980 herbeigeführt werden. Die Voraussetzungen, die Bundestagswahlen 1980 zu gewinnen, sind gegeben. Aber wir müssen wissen, mit welchem Gegner wir es zu tun haben.

Darüber gab es auch in unseren eigenen Reihen in den vergangenen Jahren manche Naivität und manche lebensgefährliche Gutgläubigkeit. Unser Gegner ist die SPD, deren linker Flügel an seiner äußersten Linken in Ideologie, Sprache und Zielsetzung einen nahtlosen Übergang zu den Kommunisten uns täglich vor Augen führt – und ich habe es optisch in Bremen wie in Essen erlebt. Diesen geht es um das Ziel, die Machtübernahme im bürgerlichen Rechtsstaat durch den Marxismus systematisch vorzubereiten. Wir haben es mit einem Gegner zu tun, der die Übernahme der Macht – ich erinnere an das Wort Heinemanns, seine Wahl sei ein Stück Machtwechsel gewesen! – nie als einen normalen Wechsel nach den Grundsätzen der parlamentarischen Demokratie angesehen und angestrebt hat, sondern als einen unumkehrbaren Prozeß, der endgültige, durch keine Wählerentscheidung mehr zu ändernde Zustände schaffen wollte und auch heute noch will und der die Übernahme der Macht als ein neues Zeitalter betrachtet hat, das zwangsläufig in die sozialistische Gesellschaft einmünden sollte. Eine neue Heilsgeschichte sollte beginnen, und der Prophet stand auch schon aufgeputzt und maskiert zur Verfügung, er hieß Willy Brandt.

Darum wurden alle Bestrebungen, eine Ablösung herbeizuführen, wie eine Art Hochverrat an Willy Brandts verhängnisvoller Politik, ja sie wurden als Prophetenlästerung diffamiert. Das war die Zeit, als die SPD-Prominenz vom »Holzen«, vom »Mobilisieren der Betriebe« sprach, als Willy Brandt kritische Journalisten als »Schreibtischtäter«

beschimpfte und bisherige Genossen, die nicht mehr mitmachen wollten, der Korruption bezichtigte. Deshalb wurde SPD-Politik als Friedenspolitik ausgewiesen, Oppositionspolitik dagegen unterschwellig als Kriegspolitik suggeriert. Hier ist doch die Sprache verfälscht, ist die Sprache als Waffe, als psychologische Waffe eingesetzt worden. Man log und lügt dem Volke vor, die Politik der CDU/CSU sei eine Gefahr für den inneren Frieden – auch das wird im Wahlkampf wiederkehren! –, sei ein Risiko für die äußere Sicherheit.

Wer die Politik des demokratischen Gegners als eine Gefahr für den äußeren Frieden und für die innere Sicherheit diffamiert, der hat keinen großen Schritt mehr zu tun, bis er politische Gegner als Verrückte bezeichnet und sie dann auch so zu behandeln sich anschickt. Denn wer ist schon gegen den inneren Frieden und gegen äußere Sicherheit? Doch nur Verrückte! Schließlich griff man auch unter Helmut Schmidt schon zu kriminellen Methoden, als man mir den Schwindel der angeblichen Lockheed-Bestechung mit vielen Millionen anlasten wollte, obwohl man das Gegenteil ganz genau wußte. Sicher hat auch nicht der liechtensteinische Geheimdienst mein Telefon angezapft, um Belastungsmaterial zu gewinnen, und dann noch auf amtlichem Papier einer Bundesbehörde den verfassungsbrecherisch abgehörten Text gefälscht, weil nicht einmal der echte Text etwas erbrachte! Darum ist die scheinbar vornehme Haltung der SPD-Führung nichts anderes als die Tarnfarbe für eine Hetz- und Verleumdungsmaschinerie von riesigen Ausmaßen. Die Wirklichkeit zeigte sich in Essen, Köln, Bremen, in der Zusammenarbeit der kommunistischen Jugend, der SDAJ, der Jusos, leider auch von Teilen der Gewerkschaftsjugend. Aber diese Sorge teilen wir ja mit den Gewerkschaften, und wir sind ja bereit, ihnen zu helfen. Warum ist denn der Jugendsekretär des Deutschen Gewerkschaftsbundes abgelöst worden? Weil er die kommunistische Infiltration der Gewerkschaftsjugend entweder nicht erkannt, jedenfalls nicht bekämpft hat.

Das ist der geballte Einsatz, dem wir begegnet sind, der kollektivistisch-sozialistischen Internationale, mit ihr haben wir es zu tun, auf sie müssen wir uns einstellen. Nicht nur in der Bundesrepublik werden Politiker, die konsequent für die Sache der Freiheit gegen den Kollektivismus eintreten, systematisch diffamiert, in die reaktionäre Ecke, wenn nicht gar in die Ecke des Faschismus gestellt. Als Belege für entsprechende Äußerungen auch aus dem Mund sozialistischer Inhaber höchster Staatsämter stehen ganze Aktenordner zur Verfügung! Seit den Jakobinern ist es ein altbewährtes Mittel freiheitsfeindlicher totalitärer Politik, den politischen Gegner moralisch zu diffamieren, ihn damit menschlich fertigzumachen, in der Erwartung, daß sich dadurch die Auseinandersetzung in der Sache dann von selbst erledigt. Deshalb müssen wir damit rechnen, daß diese linkssozialistisch-kommunistische Internationale der Diffamierung und Verleumdung ihre Kampagne gegen uns und gegen mich im besonderen und damit auch gegen unsere freiheitsfreundliche und freiheitsfördernde Politik insgesamt in den nächsten Monaten im Vorfeld der Bundestagswahl und während der Bundestagswahl selbst bis zum Exzeß steigern wird. Der eigentliche politische Skandal – denn das ist schon lange keine Frage des politischen Stils mehr! – besteht darin, daß der Vorsitzende der SPD selbst diesem schändlichen Spiel in mehrfacher Hinsicht Vorschub leistet. Nicht nur indem er falsch zitiert, halbherzig dementiert, fröhlich fälscht; sogar der Wirtschaftsminister seiner Koalition hat ihm das bestätigt, Graf Lambsdorff, oder sich, wie im Fall der Krawalle während der Kundgebungen im Ruhrgebiet, in einer Weise von den Gewalttätigkeiten distanziert, die in der Art der Formulierung, der Süffisanz der Miene auf eine geheime Zustimmung schließen läßt.

Das gefährliche, an den Lebensnerv der freiheitlichen pluralistischen Demokratie gehende Element in der Haltung Willy Brandts liegt in der Art und Weise, wie er nichtsozialistische Positionen oder Entwicklungen als restaurativ oder reaktionär diffamiert und dadurch den Begriff der demokratischen Gesellschaft auf die verschiedenen Erscheinungsformen marxistischer oder sozialistischer Auslegung einengen will. Ich erinnere daran, daß Willy Brandt im Jahre 1969 im Vorwort eines zu Beginn seiner Kanzlerschaft erschienenen Buches sein heftiges Bedauern darüber geäußert hat, daß mit dem politischen Neubeginn nach dem Zweiten Weltkrieg kein gründlicher Bruch mit der deutschen Vergangenheit vollzogen worden sei. Er ließ keinen Zweifel, was er darunter verstand und sicherlich auch heute noch versteht: Die politische Ausmerzung aller nichtsozialistischen Kräfte des ihm verhaßten Bürgertums, dessen Sitten er zwar gerne pflegt in seiner eigenen Lebenshaltung, die sich aber nicht als Transmissionsriemen für Machterwerb und Machterhaltung des Sozialismus verwenden lassen. Man braucht ja nur die Berichte nachzulesen, die er seinerzeit in der Endphase des Zweiten Weltkrieges an das State Department, an die amerikanische Regierung gerichtet hat, über die amerikanische Gesandtschaft in Stockholm, die leider, obwohl sie offen ausgelegt wurden, jetzt wieder nur schwer zugänglich sind, und die ganz genau zeigen, wes Geistes Kind er ist, woher er kommt, wohin er marschiert und wohin er eigentlich hätte gelangen wollen. Allerdings gab es dazwischen einige Betriebspannen.

Aber vielleicht müssen wir sogar Verständnis haben für diese Haltung Willy Brandts, er ist doch nie aus seiner sozialistischen Haut geschlüpft, hat sich bestenfalls in ein bürgerlich-honoriges Gewand gehüllt. Und als überzeugter Sozialist ist sein Denken selbstverständlich auch von jenem Absolutheits- und Ausschließlichkeitsanspruch geprägt, mit dem der Sozialismus seine politischen Ziele verfolgt. Kein dialektischer Taschenspielertrick, keine ideologische Geschichtsklitterung und keine marxistisch-gesellschaftliche Metaphysik können jedoch die geschichtliche Tatsache aus der Welt schaffen, daß zumindest der marxistische Sozialismus damit auch wesentlich in einer geistigen und politischen Tradition steht, in der säkularisierte Theologien das Tausendjährige Reich des absoluten Glückes und der vollendeten Gerechtigkeit, das Reich Gottes auf Erden errichten wollen.

Solche endzeitlichen Ziele setzen natürlich auch immer Endlösungen voraus, um alle die mundtot zu machen, die an das irdische Paradies nicht glauben wollen, die den totalen Glückszustand, wie er vorgegaukelt wird, stören könnten, die Ketzer, die Ungläubigen, die, wie Robespierre sagte, mit der falschen Moral, die mit dem falsch oder mangelhaft entwickelten Bewußtsein, die Angehörigen der falschen Klasse oder einer minderwertigen Rasse. Das sind doch die Denkkategorien des Kollektivs! Wir werden auch nicht schweigen in dieser Auseinandersetzung, denn schließlich war der Nationalsozialismus auch eine Variante des Sozialismus, und seine große Schwungmasse hat er nicht nur von dem Strandgut des Ersten Weltkrieges, von den Freikorps, vom verarmten Mittelstand oder vom Bürgertum bezogen, seine Schwungmasse hat er auch von den Millionen Sozialisten bezogen, die der SPD damals als Wähler davongelaufen sind. An solche Denktraditionen müssen wir gelegentlich diejenigen erinnern, die glauben, anderen ihren Konservativismus, wie sie sagen, vorwerfen zu müssen.

Der intellektuelle Bankrott der Sozialisten in Frankreich, ausgelöst durch den geistigen und moralischen Aufschrei der jungen und neuen französischen Philosophen angesichts der erschreckenden Erkenntnis, daß es nicht nur Buchenwald und Auschwitz, sondern auch den Archipel Gulag gab und gibt, ist bezeichnend für das geistige und moralische Dilemma dieses linken Denkens, das sich hier in aller Deutlichkeit enthüllt. Nun werden viele Sozialdemokraten sagen, subjektiv sicherlich zu Recht überzeugt: Das ist aber nicht unsere Vorstellung vom demokratischen Sozialismus! Auch Helmut Schmidt wird das sagen, denn er kann ja nach Bedarf und Umgebung seine politische Hautfarbe wie ein Chamäleon von rot über rosa bis zum hanseatisch-honorigen Blau wechseln, und deshalb ist er gefährlicher als die offen auftretenden Systemveränderer, weil er täuscht, wo die Wahrheit unbequem ist, weil er beschwichtigt, wo die Wachsamkeit des Bürgers erste Pflicht sein sollte, weil er verbirgt, wo Offenlegung notwendig wäre. Immerhin hat Helmut Schmidt einmal gesagt – und für ihn ist das Denken immer ein so bemerkenswerter Akt, daß das ja jedesmal in der Zeitung vermerkt wird –, daß Sozialdemokrat oder Sozialist oder demokratischer Sozialist zu sein, dasselbe sei.

Aber was ist das überhaupt, demokratischer Sozialismus? Die SPD bleibt die Antwort auf diese Frage schuldig, sie muß sie schuldig bleiben. Sie vermag sich aber einerseits nicht von Marx zu lösen, vermag sich trotzdem nicht offen zu ihm bekennen; das ergibt seelische Spannungszustände.

Wenn unter dem Begriff demokratischer Sozialismus Aufstieg der Arbeitnehmer zu voller Gleichberechtigung, zu hohen Lebensverhältnissen und soziale Sicherung zu verstehen wäre, wäre Ludwig Erhard und wären wir die bedeutendsten Sozialisten aller Zeiten gewesen, und man könnte die SPD als den größten Reaktionär unserer Zeit betrachten, weil sie Einführung und Durchsetzung der Politik der Sozialen Marktwirtschaft mit allen Mitteln zu verhindern versucht hat.

Die SPD konnte zwar nach 10 Jahren nicht mehr anders, als im Godesberger Programm ein laues Bekenntnis zur Sozialen Marktwirtschaft – aber doch nur als zu einem unvermeidlichen Übergangszustand – abzulegen, aber sie ist ein Feind der Marktwirtschaft geblieben. Aber ihre starken Linksgruppen, besonders die Jungsozialisten, stehen nach wie vor zu Marx. Sie erstreben die Einschränkung des Privateigentums an Produktionsmitteln und eine zunehmende Sozialisierung der Wirtschaft, was auf allen SPD-Parteitagen herumgeistert als Sumpfblasen marxistischer Reaktion: Investitionsplanung, Investitionslenkung, Investitionskontrolle, Strukturräte der öffentlichen Hand, die über alle öffentlichen und privaten Investitionen zu bestimmen haben! Also immer mehr staatliche Bevormundung, Lähmung der unternehmerischen Initiative durch eine steigende Flut von Steuern und Abgaben verschiedenster Art, dazu eine Überschwemmung mit immer neuen Rechtsformen! Das sind die Methoden, mit denen das angestrebte Ziel schrittweise erreicht werden soll. Hier gibt es auch einen besonderen Anwendungsfall für das Gesetz der kommunizierenden Röhren: je mehr Sozialismus im Inneren verwirklicht wird, meinen sie, desto mehr steigen die Chancen der innerdeutschen Annäherung. Durch Sozialismus zur

Wiedervereinigung, hieß es früher und heißt es auch jetzt wieder – und durch Wiedervereinigung zum Sozialismus! Der Hauptgeschäftsführer der SPD, Egon Bahr, hat ja daraus »Wandel durch Annäherung« gemacht. Dazu gehört nach seiner Meinung auch, daß die materielle und psychologische Unterstützung auch des Systems der DDR zu immer mehr Annäherung führen wird. Das heißt, je sicherer, desto selbstbewußter, dank bundesrepublikanischer Hilfe, die Machthaber der DDR auftreten können, desto mehr werden sie geneigt, der Bundesrepublik Deutschland entgegenzukommen. Auch das ist eine, gelinde gesagt, der großen sozialistischen Utopien, wenn es sich hier nicht um ein aufgelegtes Täuschungsmanöver handelt!

In seinem Buch »Der Weg zur Knechtschaft« schreibt der echte Nobelpreisträger Friedrich August von Hayek, der große Vorkämpfer einer freiheitlichen Politik, daß der demokratische Sozialismus die große Illusion der letzten Generation sei. Er sei nicht nur nicht zu verwirklichen, sondern – ich zitiere wörtlich – »man kann nicht einmal versuchen, ihn durchzuführen, ohne etwas ganz anderes zu erreichen«. Und er meinte das ganz andere, den Untergang des liberalen Freiheitsideals. Und zu diesem liberalen Freiheitsideal, das an Wertordnungen gebunden ist, bekennen wir uns als die einzigen echten Liberalen in der politischen Landschaft der Bundesrepublik Deutschland! Die Alternative Freiheit oder Sozialismus – ich will niemanden verleumden und niemanden diffamieren – ist nur das Ergebnis nüchterner Überlegungen und geschichtlich politischer Erfahrung. Dabei brauchen wir als abschreckendes Beispiel gar nicht auf den realen Sozialismus der Ostblockländer zu blicken, uns genügt der demokratische Sozialismus Schwedens. Freiheit oder Kollektiv ist und bleibt die große geistige Auseinandersetzung dieses Jahrhunderts bis zu seinem Ende.

Eine Ordnung aufzubauen und zu sichern, in der der einzelne in Freiheit, Würde und Selbstverantwortung sein Leben gestalten kann, in der er je nach seinen Leistungen und Begabungen zu Wohlstand gelangen und in der er auch sozial gesichert leben kann, die selbstverständlich weiterentwickelt wird, in der Mißstände erkannt, zugegeben und beseitigt werden – dazu bedarf es zum allerwenigsten jenes den Verstand und das Gewissen benebelnden Gebräues aus Utopie, säkularisierter Theologie, jenes pseudowissenschaftlichen Begriffsbrimboriums, mit dem sich jeder Sozialismus umgibt, wie auch immer er sich zu drapieren imstande ist. An dem hündischen Kriechen seiner Intelligenz vor den politischen Begriffen gehe vielleicht einmal das Abendland zugrunde, hat einmal Gottfried Benn gesagt. Um diese politischen Ziele zu erreichen, die ich kurz umrissen habe, braucht man doch nicht jenen Planungsfetischismus, der glaubt, alle Lebensbereiche, alle überkommenen Institutionen und sozialen Ordnungen einer rigorosen Planung unterwerfen zu müssen, damit von Sozialingenieuren und Gesellschaftskonstrukteuren angeblich wissenschaftlich ermittelte, objektive Bedürfnisse, wenn nicht sogar das persönliche Glück, zentral verwirklicht werden sollen. Sie sollen doch zugeben, was das eigentliche Ziel dann wird: nichts anderes als die Unterbringung einer großen Zahl akademisch gebildeter Funktionäre, die aufgrund der Fehler der Bildungsreform sonst vernünftig in Wirtschaft und Gesellschaft nicht unterzubringen sind. Helmut Schmidt, der angeblich auch die Gedanken des Philosophen Karl Raimund Popper schätzt, sollte sich nicht nur damit begnügen, ein Vorwort zu einem Buch über die Auswirkungen des kritischen Rationalismus auf die Sozialdemokratie zu verfassen, sondern er sollte lieber einmal bei Popper wirklich nachlesen, was eine offene, liberale Gesellschaft gegenüber den geschlossenen sozialistischen Zwangssystemen ausmacht. Darüber sollte er zu den Jungsozialisten reden. Aber darin liegt ja die Gefährlichkeit Helmut Schmidts! In der Täuschung der Bürger durch ein phantastisches Vermögen, den Standort opportunistisch in kürzester Zeit je nach Auditorium und Lage wechseln zu können; durch Tarnung sozialistischer Grundfarbe mit Hilfe einer bürgerlichen Selbstdarstellung!

Wir müssen uns mit aller Kraft dafür einsetzen, daß im Herbst 1980 in Bonn der entscheidende politische Wandel herbeigeführt wird. Dazu brauchen wir den vollen, ungeteilten Einsatz aller. Es ist kein Raum für Spekulationen, wie man 1984 gewinnen kann, wenn man 1980 das Ziel verpaßt. Mich treibt nicht persönlicher Ehrgeiz, ich bin persönlich lieber in Bayern, was jeder glaubt, der mich wirklich kennt und der die Bedeutung der Aufgabe, in die mich das Vertrauen der Wähler und des Bayerischen Landtages berufen hat, richtig einzuschätzen vermag, sondern mich treibt die Sorge um Deutschland, um seine innere und äußere Freiheit. Deshalb müssen wir um die Wende in der deutschen Politik mit aller Kraft und mit allen legitimen Mitteln kämpfen.

Darum halten wir, wenn ich ein Wort zur bayerischen Politik sagen darf, in Bayern auch am System der gegliederten Schule fest. Es gibt jedem jungen Menschen seine Chance, verhindert begabungsfeindliche Gleichmacherei, fördert menschlich erbrachte Leistung, unterbindet konflikttheoretische Aufladung. Wir wollen keine Schülersilos, sondern schüler- und elternfreundliche Stätten der Bildung und Erziehung. Darum haben wir die Lehr- und Forschungsfreiheit an den bayerischen Universitäten mit Nachdruck verteidigt. Bei uns werden wissenschaftliche Forschung und technische Entwicklung groß geschrieben, aber nicht Marxismus mit seinen verschiedenen Erscheinungsformen.

Darum haben wir auch in Bayern die bäuerliche Landwirtschaft erhalten und den stärksten Widerstand gegen die Pläne des Sozialisten Mansholt geleistet, nach denen aus 330 000 bayerischen Bauernhöfen 15 000 »Produktionseinheiten« bzw. 3000 moderne landwirtschaftliche Unternehmen, wie es in der Fachsprache heißt, entstanden wären. Wir wenden uns auch gegen eine Agrarpolitik der linksliberalen Bundesregierung, die bevorzugt Großbetriebe durch Förderschwellen begünstigt und eine Klassenbildung innerhalb der deutschen Landwirtschaft fördert.

Darum sind wir auch bei der Gebietsreform nicht in den magischen Aberglauben der großen Zahl und der großen Einheit verfallen, darum haben wir viele Ämter und Krankenhäuser erhalten, deren Wegfall der Planung, aber nicht dem Willen und Wollen der Bürger entsprochen hätte. Wir halten fest an dem Grundsatz der zumutbaren Entfernung und der überschaubaren Einrichtung.

Darum wollen wir nicht den Staat als Dauerhelfer in der Familie, für innerfamiliäre Probleme haben, wie es die Bonner Politik mit der Neuregelung des Rechtes der elterlichen Sorge und des Jugendhilferechtes versucht, sondern eine den modernen Gegebenheiten entsprechende politische Lösung.

Wir haben uns als CSU und als Bayerische Staatsregierung immer gegen den linksreformerischen Irrglauben ausgesprochen, die Bildungshöhe einer Nation richte sich nach der Zahl der Abiturienten oder Hochschulabsolventen. Wir haben uns immer für die grundsätzliche Gleichwertigkeit von beruflicher und allgemeiner Bildung ausgesprochen. Wir verwahren uns gegen die elitäre Arroganz, das wahre Menschsein beginne erst mit dem Abitur oder gar dem Universitätsdiplom in der Tasche. Wir wissen, daß man zwar die Zahl der Diplome vermehren kann, wenn man die Anforderungen vereinfacht – siehe Bremer Universität, wo bis zu 99 Prozent positive Ergebnisse bei den Gruppenprüfungen herauszukommen pflegen –, aber nicht die Begabungen. Wir wissen auch, daß der Wohlstand der Nation, geschaffen von einer fleißigen Kriegs- und Nachkriegsgeneration in den Jahren 1949 bis zum Ende der sechziger Jahre, gefährdet von Fehlern und Versäumnissen der letzten Jahre, in Zukunft nur möglich sein wird durch die kreative, schöpferische, produktive Leistung der nicht allzu großen Zahl der Begabten, getragen von dem breiten Können, den geistigen und handwerklichen Fähigkeiten der breiten Schichten unseres Volkes. Wer hier mit modernen Medizinern, die dieses Problem überprüft haben, oder modernen Soziologen, die sich nicht dem Marxismus verschrieben haben, sich unterhält, der wird feststellen, daß es auf tausend Kinder vielleicht ein hochbegabtes schöpferisches Kind und dann darunter auch eine etwas größere Zahl von Begabten gibt. Diese Begabten in einem humanen Schulsystem herauszufinden, sie besonders zu fördern und sie zur vollen Entfaltung zu bringen, ist die Voraussetzung dafür, daß die Lebenshaltung der breiten Massen des Volkes von unten nach oben gehoben, statt durch eine Gleichmacherei in der Bildungspolitik von oben nach unten nivelliert wird.

Und das ist der große Unterschied!
Wegen der Aktualität des Problems hierzu nur ein Beispiel. Überall, wo man heute in der Welt Kohle verflüssigt oder vergast, eine Methode, um wenigstens zum Teil aus der Abhängigkeit vom Erdöl wegzukommen, stößt man auf drei Namen: Bergius, Fischer, Tropsch. Diese drei großen Wissenschaftler und Techniker, die seinerzeit im Ersten Weltkrieg und in den 20er Jahren diese Verfahren entwickelt haben, stehen geradezu beispielhaft für viele, viele andere Namen, und wenn man daran denkt, daß in der Weimarer Republik im Jahre 1926 das große Hydrierwerk in Leuna geplant und im Jahre 1927 dann seiner Bestimmung übergeben worden ist, dann muß man wissen und kann man entnehmen, was schöpferischer Geist, Fleiß und Intelligenz der Arbeitnehmer und Hingabe an die Sache zu leisten vermag, wenn man vom Geist der schöpferischen Freiheit und nicht der lähmenden Gleichmacherei erfüllt ist.

So sind die Ziele für die 80er Jahre: Sicherung der äußeren Freiheit und des Friedens. Ich habe bewußt dieses Ziel als erstes Ziel genannt. Die anderen sind: Sicherung der Versorgung unserer Wirtschaft mit Energie und lebenswichtigen Rohstoffen zu bezahlbaren Preisen, ordnungspolitische Sicherung der Marktwirtschaft, Wiedergewinnung der finanziellen Stabilität, Erhaltung des sozialen Friedens und damit der politischen Stabilität, besondere Stärkung der Familie, ihres Zusammenhaltes und ihrer Familienkraft, Sicherung und Erweiterung des Freiheitsraumes und der Eigenverantwortung des Bürgers, Stärkung des freiheitlichen Staatsbewußtseins, Wiedergewinnung eines realistischen, auf klaren Werten beruhenden Zukunftsausblicks für die Jugend, Stärkung des Föderalismus als Grundelement einer freiheitlichen Ordnung in Deutschland und Europa,

Aufbau und Ausbau eines freiheitlichen europäischen Staatensystems, schließlich die geistige und politische Auseinandersetzung zwischen Freiheit und Kollektivismus.

Ich habe vorher von dem Ziel Nummer 1 gesprochen »Sicherung der äußeren Freiheit – Sicherung des Friedens«. Wir leben heute, das ist jedenfalls meine Überzeugung, darum sage ich sie auch offen, in der gefährlichsten Phase in der Weltpolitik seit dem Ende des Zweiten Weltkrieges. Es muß unsere Aufgabe sein, daß nicht nach dem zweiten Jahrzehnt dieses Jahrhunderts, nach dem fünften Jahrzehnt mit dem Vorläufer 1939, das neunte Jahrzehnt dieses Jahrhunderts in die Geschichtsbücher wieder als ein Jahrzehnt großer Unruhen, großer Umwälzungen und gigantischer globaler Verteilungskämpfe mit unübersehbaren Folgen eingehen wird. Eine Politik, die Nachgiebigkeit mit Entspannung verwechselt, eine zweideutige Haltung in wesentlichen Verteidigungsfragen ist nicht geeignet, die Gefahr zu vermindern, sie ist nur geeignet, die Gefahr unkalkulierbar zu machen. Nicht zum geringsten trägt auch die schrittweise Aufgabe eigener Rechtspositionen in der Deutschland- und Berlinpolitik in Vergangenheit und Gegenwart zur Schwächung der Grundlagen des ganzen freien Westens bei. Sie trägt wohl aber bei zur trügerischen internationalen Gemütlichkeit. Was wir brauchen, ist unbequeme Eindeutigkeit und nicht bequeme Doppeldeutigkeit in der Auslegung der Ostverträge. Kein geringerer als Henry Kissinger sagte vor kurzem auf einer für NATO-Experten veranstalteten Tagung, daß das Schicksal der westlichen Welt in den achtziger Jahren von der Sowjetunion bestimmt werde, wenn der Westen fortfahre, Tagespolitik – wie gehabt – ohne Blick für die veränderte strategische Weltlage zu betreiben.

Das militärische Kräfteverhältnis ist kein Geheimnis. Dafür muß man nicht erst auf den Bericht über das militärische Gleichgewicht 1979/80 des »Internationalen Instituts für Strategische Studien in London« zurückgreifen, wohl das renommierteste unter allen ähnlichen Instituten. Dafür genügt sogar die Lektüre des sicherlich mit viel Mühe geschönten Weißbuches 1979 zur Sicherheit der Bundesrepublik Deutschland und zur Entwicklung der Bundeswehr. Tatsache ist, daß die nukleare Überlegenheit der USA Anfang der achtziger Jahre endgültig und unwiderruflich der Vergangenheit angehören wird. Tatsache ist, daß das sowjetische Mittelstreckenraketenpotential eine strategische Bedrohung der Allianz von Europa ist, dem auf westlicher Seite nichts Vergleichbares entgegengesetzt werden kann. Tatsache ist, daß die Sowjetunion mit diesen Mittelstreckenraketen vom Typ SS 20, deren drei Atomsprengköpfe die Sprengkraft aller bisherigen taktischen Atomwaffen weit übersteigen, von den hundert mobilen – und damit unverwundbaren – Abschußvorrichtungen aus jedes beliebige Ziel in Europa erreichen kann. Das ist die große Änderung der strategischen Situation und der Interessen innerhalb der NATO. Der Warschauer Pakt besitzt insgesamt 1370 Mittelstreckenraketensysteme, die NATO insgesamt 386, aber keines in Europa. Tatsache ist, daß dieses internationale Institut erstmals für Anfang der achtziger Jahre von einer theoretischen Verwundbarkeit der amerikanischen Interkontinentalraketen ausgeht, was die Glaubwürdigkeit des westlichen Verteidigungskonzeptes zutiefst erschüttern muß, besonders wegen der nicht zu übersehenden, und trotz aller staatsmännisch aufgeputzten Phrasen bei Begegnungen nicht zu übersehenden Entfremdung zwischen der USA und ihren Bündnispartnern, hervorgerufen durch vieles, aber vor allem auch durch die verstärkte Unterschiedlichkeit der Interessen. Tatsache ist, daß die erdrückende Überlegenheit des Warschauer Paktes im Bereich der konventionellen Streitkräfte, besonders im Bereich der Kampfpanzer, alarmierend ist. Tatsache ist, daß die Superrüstung der Sowjetunion in keinem Verhältnis zu den Notwendigkeiten der Landesverteidigung und auch nicht zu ihrem wirtschaftlichen Leistungsvermögen steht – und daß diese Superrüstung zu Lasten ihres ohnehin durch Planwirtschaft ja weniger leistungsfähigen wirtschaftlichen Gesamtsystems geht. Tatsache ist, daß der Charakter dieser Rüstung in sich eindeutig offensiv ist. So schreibt das Weißbuch der Bundesregierung. Aber es gibt dann einen Herbert Wehner und einen Kommandeur seiner Leibeinheit, die vom Gegenteil ausgehen. Das Weißbuch sagt, die sowjetische Rüstung ist offensiv und nicht defensiv. Und Wehner hat ja immerhin ein Einfühlungsvermögen, eine kommunistische Psychologie. Und sein Zauberlehrling Bastian, der aus den Fugen geratene Kommandeur der 12. Panzerdivision, wollte uns das Gegenteil weismachen!

Man kann über den defensiv-friedlichen oder offensiv-kriegerischen Charakter der sowjetischen Rüstung nicht auf Parteitagen durch Mehrheiten beschließen, ebenso wenig über die Einzelentscheidung der Einführung bestimmter Waffensysteme. Unsere Verteidigungspolitik bezieht sich auf unsere Mitgliedschaft in der NATO und stützt sich auf eine technisch moderne Bundeswehr auf der Grundlage der allgemeinen Wehrpflicht, beide gegen den erbitterten, bis zur offenen Volksverhetzung und Volksaufwiegelung reichenden Widerstand der SPD erreicht. Für mich sind die Erscheinungen, wie ich sie in den letzten Wochen erlebt habe, nichts Neues. Damals, als ich als Verteidigunsminister angefangen habe, als die Bundeswehr aufgebaut wurde, als sie mit moderner Ausrüstung versehen wurde, haben wir genau dieselben Erscheinungen gehabt und genau dieselben merkwürdigen Kombinationen der Linken.

Aber diese Bundeswehr ist nicht in guten Händen, weil Schmidt und Apel, die beide leider davon nicht viel verstehen, und noch weniger als sie verstehen, unter dem Druck der Linken tun dürfen, mehr auf ihre Parteitage als auf unsere Sicherheitslage achten müssen. Wer aber befürchten muß, auf seinen Parteitagen objektiv als notwendig anerkannte Verteidigungsentscheidungen nicht treffen zu dürfen, ist fehl an seinem Platz. Er kann seinen Amtseid nicht erfüllen.

Ich möchte hier ein Wort zur Bewertung der sowjetischen Rüstung sagen, und zwar ein differenziertes Wort. Man muß sie beurteilen nach den augenblicklichen Absichten, nach dem vorhandenen und im Aufbau befindlichen Potential und nach der langfristigen Planung. Ich habe mehrmals gesagt, daß ich die Absichten der heutigen Sowjetführung nicht als auf eine große militärische Auseinandersetzung mit dem Westen abzielend beurteile, daß man aber fragen muß, ob das bei dem in absehbarer Zeit stattfindenden Führungswechsel im Kreml genau so bleiben wird. Die Frage wird man doch noch stellen dürfen! Zweitens: Ich weiß, daß das wachsende und in schneller Erweiterung befindliche Militärpotential des Warschauer Paktes mit rascher Verstärkung der Angriffskomponenten zu Lande, zur See und in der Luft alle militärischen Operationen, und ich sage bewußt, alle militärischen Operationen, weltweit ermöglicht, militärische Operationen von jeder Größenordnung, einschließlich der Benutzung des militärischen Potentials als einer Druckkulisse zur Durchsetzung der eigenen politischen Ziele oder zur Niederhaltung der widerwilligen Verbündeten im eigenen Herrschaftsbereich. Drittens zur langfristigen Planung: Niemand hat das Recht, die Gefährlichkeit der langfristigen imperialistischen Planungen – siehe Ostasien, Afghanistan, Afrika – und die weltrevolutionären Zielsetzungen aus Gründen der Selbstbeschwichtigung oder der Gefälligkeit einfach durch Schließen der Augen nicht zur Kenntnis zu nehmen. Nach diesen drei Kriterien muß die sowjetische Rüstung objektiv, fair und anständig beurteilt werden. Ich zitiere noch einmal Henry Kissinger, der auf der erwähnten Tagung in Brüssel erklärt: »Niemals in der Geschichte hat eine Nation im Besitz der militärischen Überlegenheit darauf verzichtet, diese in außenpolitische Vorteile umzusetzen.« Und wenn das eine Nation ist mit einer klassischen imperialistischen Zielsetzung und einem erklärten weltrevolutionären Gesamtziel, dann würde die Erringung einer eindeutigen militärischen Überlegenheit bedeuten, daß sie in alle Vorteile umgesetzt wird.

Diese Vorteile würden für uns wachsende bis unerträgliche Nachteile bedeuten. Darum müssen wir entweder gleichziehen bis zu der Fähigkeit, abschreckend zu wirken, oder wir müssen beide unsere Militärpotentiale ausgewogen und im Gleichgewicht abbauen. Ich glaube sagen zu dürfen, und ich sage das auch für eine Führung einer Bonner Regierung unter mir, daß wir bereit sind, auch das bescheidene Militärpotential der Bundesrepublik im Rahmen einer europäischen, aber kontrollierten Abrüstung abzubauen, im Rahmen eines ausgewogenen Truppenausgleichs, daß uns aber weder drohende Töne aus östlicher Himmelsrichtung noch verblendete Phrasen im Inland davon abhalten würden, unsere Pflicht auf diesem Gebiet zu erfüllen, wie es der geschichtliche Auftrag gebietet. Deshalb besteht natürlich die Gefahr der selektiven Erpressung des Westens, wie Kissinger sagt.

Trotz dieser offensichtlichen Bedrohung Westeuropas und der damit verbundenen Gefahr, das Schicksal freiwillig herbeizurufen, das Finnland in seiner schwierigen militärgeographischen Lage auf sich nehmen mußte – mehr meinen wir ja nicht, wenn wir den Begriff Finnlandisierung gebrauchen –, trotz der dramatischen weltwirtschaftlichen Zuspitzung und der Gefährdung der Versorgung Europas mit Energien und Rohstoffen zu bezahlbaren Preisen, trotz der hochbrisanten Mischung, die sich vor Europas Haustür zusammengebraut hat, als Folge der Vorgänge im Iran und ihrer Auswirkungen im arabischen Raum, als Folge des geostrategischen Ausgreifens der Sowjetunion nach dem Mittleren Osten, nach Afrika, nach dem Indischen Ozean, trotz der Gefährdung als Folge der schwelenden israelisch-arabischen Frage und als Folge des Einsatzes des Öls als politische Waffe konnte sich Europa noch immer nicht, Gott sei es geklagt, zu einer einheitlichen Außen-, Sicherheits- und Wirtschaftspolitik durchringen. Leider auch nicht auf dem lebenswichtigen Gebiete der Energie- und Rohstoffversorgung! Aber im Gegensatz zu früher muß Europa heute für seine Sicherheit und Verteidigung, jedenfalls mehr als in der Vergangenheit, selbst den Kopf hinhalten.

Amerika mit seinem immer noch nicht aufgearbeiteten Trauma von Vietnam und Watergate ist nach einer Serie außenpolitischer Fehlschläge und innenpolitischer Schwierigkeiten anfälliger geworden für einen Neoisolationismus. Fest steht jedenfalls, daß kein amerikanischer Präsident in Zukunft bereit ist zu sagen, dies oder das ist für die

Verteidigung Europas notwendig. Amerika will jetzt – und man kann ihm die moralische Legitimation nicht absprechen – von den Europäern die klare Antwort darüber, was die Europäer selbst für ihren eigenen Schutz für notwendig halten, selbst zu tun und zu verantworten bereit sind. Amerika ist nicht länger bereit, Europa zu seiner eigenen Sicherheit zu zwingen, hinzunehmen, daß sich die europäischen Politiker aus innerparteilicher Schwäche, parteipolitischer Feigheit, ideologischer Schwäche, ideologisch bedingtem Realitätsverlust und blauäugiger Entspannungssehnsucht aus ihrer ureigenen Verantwortung davonstehlen. Ich erinnere nur an das beschämende Beispiel der Diskussion um die Neutronenwaffe. Auf einer Wellenlänge mit Radio Moskau hat Egon Bahr damals Amerika und seinen Präsidenten einer Perversion des Denkens bezichtigt. Perversion des Denkens ist nach meiner Überzeugung, sich hinter dem atomaren Schild der Amerikaner, der nicht mehr unbegrenzt für Europa zur Verfügung stehen wird, zu verkriechen, aber gleich dabei zu sein, wenn es gilt, die wichtige Schutzmacht Europas politisch und moralisch anzurempeln und zu diffamieren.

Echte Partnerschaft, echte Freundschaft, echte Bundesgenossenschaft braucht und verträgt auch offene Worte, notfalls harte Kritik. Sie setzt aber auch voraus, sich in schweren Tagen entschlossen und eindeutig vor den Partner zu stellen – wie wir auch umgekehrt erwarten, daß auch Amerika seine unbegrenzte Fähigkeit, wie es manchmal scheint, eigene Freunde vor den Kopf zu stoßen und dafür Gegner zu honorieren, etwas abbauen und damit sparsamer umgehen sollte! Die Beziehungen zwischen den Vereinigten Staaten und Europa sind nicht so schlecht, wie die Kommunisten es wünschen, aber zweifellos nicht so gut, wie sie sein sollten, sein könnten. Darum muß die seit Vietnam und Watergate auf beiden Seiten des Atlantik eingetretene schleichende Entfremdung gestoppt und abgebaut werden. Nur eine mutige und entschlossene Antwort Europas kann das gestörte Vertrauen wieder herstellen, das über 30 Jahre die Grundlage unserer Sicherheit im atlantischen Bündnis war. Europa muß sich darüber im klaren sein, daß jede Führungsschwäche der USA und jeder Zweifel an dem Führungswillen der USA ein politisches Vakuum entstehen läßt, in das natürlich die Sowjetunion – und es wären nicht die Sowjetstrategen, wenn sie es nicht täten – einzudringen versucht. Nur so konnte die Sowjetunion durch das Aufheizen von Konfliktpotentialen, durch den Export von Ideologien und Waffen, durch die kubanischen Fremdenlegionäre und die Angehörigen des Erich Honeckerschen Afrikakorps den geostrategischen Zugriff auf Afrika, den Mittleren Osten und den Iran, Afghanistan und Südostasien verstärken und ausbauen.

Die Entscheidung über Erfolg oder Mißerfolg dieser Expansion fällt in den nächsten Jahren und in ganz naher Zukunft und – nehmen Sie diese Warnung ganz ernst – in den Ländern Rhodesien und Namibia.

Nicht von Mitteleuropa, sondern von diesen Wetterecken der Weltpolitik geht die aktuelle Bedrohung Europas aus. Europa von den Flanken her so zu umfassen, daß am Ende die Europäer aus dem Bündnis mit Amerika ausscheiden und ihr Heil in der Neutralisierung suchen, das ist das Ziel der Sowjetunion, nicht die unmittelbare militärische Aggression! Ich möchte in dem Zusammenhang nur verweisen auf die laufenden Verhandlungen über die Ratifizierung von SALT II und auf die uns Europäer genauso – und was unsere Zuständigkeit anbetrifft, unmittelbar – berührenden Verhandlungen über den sogenannten ausgewogenen Abbau der Truppen in Mitteleuropa. Ich möchte über dieses Problem nicht im einzelnen reden, möchte aber zwei Grundsätze hier deutlich hervorheben, von denen wir uns weder durch Herrn Wehner oder durch seinen Trabanten Pawelczyk oder durch Herrn Bastian oder durch Willy Brandt oder durch die Manövrierfähigkeit Helmut Schmidts und Hans-Dietrich Genschers abbringen lassen werden. Erstens: in dem Reduzierungsraum, der ohnehin sehr einseitig gewählt ist, weil er z. B. Ungarn nicht mit einschließt, und zweitens in dem Reduzierungspotential, das auch sehr einseitig gewählt ist, weil es die Betriebskampfgruppen der DDR mit 450 000 Mann Stärke und moderner Bewaffnung nicht mit einschließt. In diesem Reduzierungsraum muß das militärische Potential zu beiden Seiten gleich sein, und die Ausfüllung des Potentials auf westlicher Seite darf nicht durch die Sowjetunion bestimmt werden. Denn das würde dazu führen, daß die Bundeswehr mit ihrer heutigen Stärke von 500 000 Mann erheblich reduziert werden muß, ohne daß die geringste Chance auch dafür besteht, daß der Ausgleich dann durch Verbände anderer Nationen und schon gar durch die überseemüden Amerikaner gewährleistet werden könnte. Und hier stehen wir einfach vor Notwendigkeiten, über die man in der deutschen Öffentlichkeit einmal reden muß. Ich weiß, es ist viel bequemer, zu sprechen über die zukünftigen Staatsausgaben, über diesen und jenen Zweck; und wenn man in der Wirtschaft über Subventionen spricht, ist man fast noch willkommener als wenn man über Steuersenkung spricht, jedenfalls in gewissen Kreisen, die sich an diese Subventionsmentalität allmählich gewöhnt haben.

Was wir aber in unserer zeitlichen Lage, in unserer geographischen Position uns nicht länger leisten können, das ist eine halsbrecherisch leichtsinnige Analyse der internationalen Lage, eine vom Parteitagsbeifall der Gefälligkeit in den ideologischen Linksparteien bestimmte Verteidigungspolitik. Wir müssen unserem Volk wieder sagen, daß all unser Wohlstand, alle unsere Sicherheit und, was noch mehr ist, unsere menschliche und rechtliche Freiheit davon abhängen, daß unsere äußere Sicherheit gewährleistet bleibt. Das ist einfach das Hauptgebot.

Ich habe in meiner Aufzählung unserer Aufgaben schon an zweiter Stelle – was nicht die Bedeutung anderer politischer Ziele herabmindern soll – gerade nach den Erfahrungen der letzten Jahre und der Diskussion der Gegenwart gebracht, daß die Sicherung der Versorgung unserer Wirtschaft mit Energie und lebenswichtigen Rohstoffen zu einer Lebens-, ja zu einer Überlebensfrage unserer freiheitlichen Gesellschaftsordnung geworden ist. Ich hoffe, daß man das allgemein als Erkenntnis feststellen kann, und daß diejenigen, die zum einfachen Leben – »retour à la nature« – zurückkehren wollen, sich halt dann dafür geeignetere Regionen aussuchen müssen. Niemand wird sie hindern, das Automobil oder den Küchenmotor oder den industriellen Wanderrucksack zu ersetzen und ihre Verpflegung im Freien zu suchen. Die Energie- und Rohstoffabhängigkeit der Bundesrepublik und Europas bedroht nicht nur unsere wirtschaftliche Entwicklung, sie bedroht auch, und das ist das Zeichen der letzten Jahre, der letzten Monate, unsere politische Entscheidungsfreiheit. 57 Prozent ihres Energiebedarfs muß die Europäische Gemeinschaft aus Drittländern einführen, die Bundesrepublik 59, Italien 82, Dänemark 99 Prozent. Dabei wächst die Gefahr, daß die Ölmonopolländer, die ja in der Hauptsache im arabischen Raum liegen, das Öl als politisches Druckmittel einsetzen. Ich drücke mich hier noch sehr vorsichtig aus, man könnte hier auch wesentlich deutlicher reden, wenn man an das denkt, was man aus dem Munde arabischer Staatsmänner – auch des in keiner Weise zu den Scharfmachern gehörenden saudiarabischen Ministers Jamani – in der letzten Zeit gehört hat.

Trotz dieser klaren, von niemandem wegzuleugnenden Tatsache ist die Energiepolitik der Bundesregierung ein erschütterndes Trauerspiel aus Entschlußlosigkeit, innerparteilicher Feigheit und vordergründiger Parteitaktik der Bonner Blockparteien. Dazu kommt noch die Verschärfung des Nord-Süd-Dialogs mit der Forderung nach einer neuen Weltwirtschaftsordnung, das heißt im Klartext doch nach einer Weltplanwirtschaft für alle Rohstoffe mit ihren ungeheueren Folgen, ungeheueren Kosten, ungeheueren bürokratischen Apparaturen. Dazu kommt, daß Entwicklungspolitik zunehmend als weltumfassende Umverteilungspolitik zur Ausbeutung der Industriestaaten umgedeutet wird, ja sogar zur Unterstützung terroristischer, totalitärer, sogenannter Befreiungsbewegungen mißbraucht wird. Daß es auf der Welt Unterschiede gibt zwischen reich und arm, ist eine Tatsache, die wir mit dem Zusatz »leider« versehen müssen. Sie ist herausgewachsen aus einer Reihe von Gründen; man soll nur nicht mehr die falschen Gründe heute immer wieder anführen und daraus falsche Schlußfolgerungen ableiten. Wenn man sagt, daß der Unterschied zwischen den wohlhabenden Ländern und den ärmeren Ländern eine Folge der Kolonialzeit auch heute noch ist – heute sind viele Länder nach ihrer selbstverständlichen Emanzipation vom

Kolonialvolk zu einem souveränen Volk wirtschaftlich und auch in ihrem inneren Zustande leider wesentlich schlechter daran, als sie jemals daran gewesen sind! Das soll man doch einmal einsehen!

Ich sage ja kein Wort gegen die Hilfe für diese Völker, aber die Hilfe soll nicht in Waffenexporten bestehen, im Aufheizen revolutionärer Konfliktpotentiale, im Aufhetzen eines Stammes gegen einen anderen Stamm. Die Hilfe muß bestehen vor allen Dingen in der Unterweisung, mit finanziellen und anderen materiellen Hilfen sich selbständig machen zu können, das notwendige handwerklich technische Grundpotential zu schaffen, die Schicht des mittleren Managements heranzubilden und die Fähigkeiten für das obere Management zu entwickeln. Da liegen doch die entscheidenden Fragen und nicht in der Umverteilung, indem man sagt, die Reichen müssen arm werden, damit die Armen relativ reicher werden, wie es Herr Bahr in seiner Äußerung, daß die Armut dort auf die Schuld der Industrieländer zurückzuführen sei, gesagt hat.

Ich will auf das Thema hier nur mit einem Satz eingehen. Mich hat natürlich sehr bedrückt, daß der SPD-Bundesgeschäftsführer Bahr auf dem entwicklungspolitischen Kongreß der Kirchen zu Beginn dieses Jahres sich eindeutig für eine Unterstützung terroristischer Bewegungen in Afrika und für finanzielle Hilfe an sie als ein Mittel zur Erleichterung ihres Kampfes ausgesprochen hat. Hier scheiden sich unsere Geister, und zwar klar und eindeutig. Wir lehnen Gewaltanwendung zur Durchsetzung politischer Ziele ab. Ob es legitime oder nichtlegitime sind, lassen wir völlig offen. Aber auch zur Durchsetzung legitimer Ziele lehnen wir Gewaltanwendung ab. Was würde man sagen, wenn die

12 bis 13 Millionen Vertriebenen und Flüchtlinge, statt sich bei uns zu integrieren und zum Aufbau ihrer neuen Heimat geistig und körperlich in einer unerhört harten Arbeit und hoher Leistung beizutragen, als Guerillagruppen an unseren Ostgrenzen operieren und dann ihre Kommandeure in der UNO in New York mit der Maschinenpistole in der Hand auftreten würden. Was würde man dann sagen? Allein die Vorstellung ist abenteuerlich! Würde man es etwa im Kampf um die Menschenrechte – und der Kampf ist ja sicherlich in der DDR, in Polen und anderswo im Gange – rechtfertigen, wenn zur Durchsetzung dieses Kampfes etwa Brücken gesprengt und nicht nur Zivilisten, sondern auch Soldaten und Polizisten meuchlings ermordet würden? Wir führen den Kampf um die Freiheit mit geistigen und politischen Waffen, aber unter Ausschluß der Gewalt. Das Nein zur Gewalt ist nur dann glaubwürdig, wenn es unteilbar ist, wenn Gewalt nicht in Afrika bejaht, aber selbstverständlich in Europa abgelehnt wird. Unteilbar muß das Nein zur Gewalt sein, wenn eine bessere Welt entstehen soll!

Wir stehen in der Energieversorgung vor großen Aufgaben. Sie heißen rationellere und sparsamere Energieverwendung und Begrenzung des Zuwachses beim Energieverbrauch. Ohne Zuwachs kommen wir mit Sicherheit nicht aus. Dann müssen wir dafür sorgen, daß der Zuwachs an Energiebedarf nicht so hoch ist wie der Zuwachs an wirtschaftlichem Wachstum, sondern deutlich dahinter bleibt. Dabei ist auch der Einsatz vieler technischer Mittel ohne Zweifel möglich. Nun habe ich bisher die Aufgabe des Bonner Forschungsministeriums immer so verstanden, daß es neue wissenschaftlich-technische Methoden entwickeln hilft, aber nicht zuständig ist für die Einsparung. Für dieses Problem ist zuallererst das Bundeswirtschaftsministerium zuständig. Weil ihnen aber auf dem anderen Gebiete anscheinend nicht genug einfällt, wildert Herr Hauff immer im Revier des Grafen Lambsdorff. Und der Bundeskanzler hütet sich, zwischen den beiden zu entscheiden, damit der Lack nicht noch schneller abfällt.

Zweitens: wir müssen unsere Einfuhrabhängigkeit vor allem beim Erdöl senken, d. h. unsere Energieeinfuhren weiter streuen. Wir müssen das Erdöl durch andere Energieträger ersetzen, und das geht nur durch eine Kombination von Kohle und Kernkraft. Man höre auf, in utopische Landschaften zu flüchten, als ob man durch Wind- oder Sonnenenergie in der Bundesrepublik die entscheidenden Fragen auf diesem Gebiet lösen könnte. Selbstverständlich müssen sie miteinbezogen werden, aber sie erlauben uns nicht, die Lösung des Problems der Öffentlichkeit vorzugaukeln. Wir brauchen deshalb Erforschung, Entwicklung und Nutzung von Ersatz- und Ausweichenergien. Dann brauchen wir eine stärker ausgebaute Krisenvorsorge – wie eine Erhöhung der Erdölreserven – und eine wirksame Energieaußenpolitik – aber auf europäischer Basis – gegenüber den Erdölerzeugern. Wir müssen von der Bundesregierung mit Nachdruck die Erfüllung dieser für das Wohl unserer Bürger und der sicher für die Zukunft notwendigen Energiepolitik verlangen. Wir verlangen dabei nichts anderes, als daß der Bundeskanzler und die Bundesregierung zu ihrem eigenen Energieprogramm stehen.

Das eigene Energieprogramm, das mit den Ländern in abgeschlossenen Räumen ausgehandelt und zu dessen Durchführung die Länderregierungen verpflichtet wurden, wagt man auf der Parteikonferenz nicht mit der notwendigen Konsequenz zu vertreten.

Da liegt doch des Pudels Kern, nur daß ein alter Pudel nichts mehr lernt. Bundeskanzler und Bundesregierung werden noch den letzten Rest an Glaubwürdigkeit verlieren, wenn sie unter dem Druck der Linken in ihrer eigenen Partei nicht aufhören, in dieser Lebensfrage unseres Landes mit zwei Zungen zu sprechen. Und dann kommen die Sprache der Täuschung und die berühmten Leer- und Geschwätzformeln.

Willy Brandt erwartet vom Berliner Parteitag einen ausgewogenen Beschluß zur Energiepolitik. Was vom Standvermögen des Freizeitseemanns Helmut Schmidt zu erwarten ist, wird angesichts der Regierungserklärung Schmidts zur Energiepolitik von Willy Brandt folgendermaßen bezeichnet: Wer hingehört hat, hat gemerkt, daß mit dem deutschen Bundeskanzler etwas geschehen ist. Schmidt denkt intensiv über die Möglichkeiten der Solarenergie nach. Immer, wenn es schwierig wird, wie bei Gorleben in Niedersachsen, erklärt der Bundeskanzler, er sei gerade beim Nachdenken, und die anderen, seine Freunde, schirmen ihn ab und sagen, man müsse ihm Zeit lassen zum Nachdenken. Wir erhalten aus dem Bundeskanzleramt, unterzeichnet meistens von Herrn Wischnewski, weil der Kanzler selbst natürlich für diesen fragwürdigen Unsinn seinen Namen nicht gerne hergibt, obwohl er ihn deckt, dann Briefe, daß in einer demokratischen Partei natürlich eine offene Diskussion über diese Frage notwendig und unvermeidlich sei. Das gehöre zur demokratischen Tradition, und zum Schluß komme dann doch wieder eine gemeinsame Linie heraus. Es fragt sich nur, welche – meistens auf dem niedrigsten Nenner der gemeinsamen Unvernunft!

Ich bin ein überzeugter Anhänger der demokratischen

Diskussion innerhalb einer Partei, und ich wäre nicht 18 Jahre Vorsitzender der Christlich-Sozialen Union – im März werden es dann 19 Jahre –, wenn ich nicht die innerparteiliche Diskussion in dem Ausmaße gefördert und selbst durch meine eigenen Beiträge belebt hätte, wie es eben unvermeidlich notwendig ist. Ich bin ein Vollblutparlamentarier und ein uneingeschränkter Bejaher des Systems der demokratischen politischen Parteien. Nur, die Meinungsbildung in Parteien in ihrer Auswirkung auf Mandatsträger und Amtsträger muß so frühzeitig beginnen und so rechtzeitig abgeschlossen sein, daß dann, wenn die Entscheidungen notwendig sind, nicht erst mit dem Denken und Diskutieren begonnen werden darf. Schon deshalb bedarf die SPD einer langfristigen Erholung in der Opposition. Wir stellen uns dann selbstverständlich der Kritik dieser Opposition, aber sie muß viel Zeit darauf verwenden, eine echte moderne Volkspartei zu werden. Dann hat sie Zeit, darüber nachzudenken und hoffentlich auch die Fähigkeit, diesen Denkprozeß so abzuschließen, daß sie als regierungsfähige Partei – was ja grundsätzlich zum Gesetz von Regierung und Opposition gehört – jemals wieder bezeichnet werden kann. Forsche Reden, Feldmarschallsattitüden und Napoleonsallüren ersetzen nicht staatsmännische Urteile und erst recht nicht klare, von Verantwortung getragene Entscheidungen.

Zur Kernenergie gibt es gegenwärtig keine Alternative. Das muß man endlich einmal sagen, statt dem Volke dauernd vorzugaukeln, man komme auch ohne Kernenergie aus, man komme noch lange ohne sie aus, man komme vielleicht immer ohne sie aus, man brauche sie unter Umständen jetzt, aber vielleicht nicht lange oder man brauche sie jetzt noch nicht, dafür erst später usw. Wir sind keine Atomkraftfetischisten, wir sind nicht kernkraftbesessen, aber wir können einfach nicht mit offenen Augen zusehen, daß der hohe Leistungsstand, die internationale Wettbewerbsfähigkeit unserer Wirtschaft und damit unser gesamtes soziales und gesellschaftliches System durch Fehler und Versäumnisse der in den siebziger Jahren Regierenden ernsthaft gefährdet und eines Tages zerrüttet sein wird. Hier schauen wir nicht zu! Gerade diejenigen, die von rationaler Auseinandersetzung immer gesprochen haben, benutzen jetzt die seit dem Zünden der ersten Atombomben in Japan am Ende des Zweiten Weltkrieges verständliche Urangst der Menschheit vor dem Atom für ihre parteitaktischen Ziele und spekulieren dabei auf die besondere moralische Sensibilität und Verführbarkeit der Jugend.

Ich bin nicht dafür bekannt, daß ich unbequemen Aussagen aus dem Wege gehe, und ich tue es auch jetzt nicht. Es gibt überhaupt keine moderne technische Leistung, die nicht ein gewisses Risiko enthält, eine totale Sicherheit gegenüber der Technik hat man nur im afrikanischen Dschungel oder in der Wüste Gobi, solange dort nicht die Technik sich dieser Steppe oder dieser Wüste bemächtigt. Ich war der erste Atomminister der Bundesrepublik, und wir haben damals auch eine gewisse Ahnung gehabt von den Risiken, und wissenschaftliche Forschung und technische Entwicklung haben unser Wissen vervielfältigt in der Zwischenzeit. Nun darf ich auch sagen, es gibt manche Bereiche der modernen Technik, die ohne Zweifel gefährlicher sind als die Kernkraft. Aber weil man sie nicht aus parteipolitischen Gründen dämonisiert hat, sie mit einem Dämonscharakter ausgestattet hat, spricht man über diese Gefahren überhaupt nicht, sie bleiben im Bereich der fachmännischen Experten, sie bleiben im Bereich der sachlichen Diskussion.

Aber die Atomkraft benutzt man für die Diskussion zur Erschütterung und Auflösung unseres gesellschaftlichen Systems. Derselbe Kommunismus, dessen Anhänger hierzulande als politische Subkultur, häufig wie Bürgerkriegskämpfer getarnt und bemalt, mit Waffen des Bürgerkrieges gegen moderne technische Einrichtungen antreten, baut im beschleunigten Tempo ein Atomkraftwerk nach dem anderen in seinem eigenen Bereich.

Hierher gehört auch unser europäischer Nachbar, Freund, Bundesgenosse und selbstverständlich wirtschaftlicher Rivale – und wirtschaftliche Rivalität ist immer gut, denn sie fördert das Leistungsdenken und den Leistungswillen – Frankreich. Frankreich hat in derselben Zeit, in der bei uns kein einziges Kernkraftwerk mehr gebaut oder genehmigt worden ist, den Bau und die Genehmigung von 33 Kernkraftwerken mühelos, trotz der inneren Diskussion auch in Frankreich, bewältigt. Das ist der Unterschied zwischen einer verantwortungsbewußten staatsmännischen Regierung, wie sie in Frankreich trotz aller inneren Schwierigkeiten besteht, und dem sozialistischen Phrasengeschwätz, das bei uns von Willy Brandt bis Helmut Schmidt zum Überdruß für jeden denkenden Menschen täglich zelebriert und durch die Massenmedien zum Teil noch in millionenfacher Auflage wiederholt wird.

Bei einer Fernsehdiskussion habe ich aus dem Munde von Willy Brandt gehört: Was wollen Sie denn, wir haben doch genügend Energie. Nichts könnte die Oberflächlichkeit, den Leichtsinn und die intellektuelle Liederlichkeit besser enthüllen als dieses lebensgefährliche Geschwätz. Wenn bei weiterem Steigen der Heizölpreise die Heizung aus der Steckdose billiger wird als mit dem Erdöl, und die Bevölkerung dazu übergeht, hätten wir schon im nächsten Winter erhebliche Störungen und im übernächsten Winter mit Sicherheit Abschaltungen, die uns schmerzlich treffen würden. Aber es geht nicht um den übernächsten Winter, um die Heizölpreise, die wir subventionieren müssen für die sozial schwächeren Schichten oder um Abschaltungen der Kraftwerke durch die Heizungen der Wohnungen.

Es geht darum, daß Energiepolitik zu den Bereichen gehört, wo heute entschieden werden muß, damit in zehn Jahren noch die lebenswichtigen und unentbehrlichen Voraussetzungen für die Erhaltung unseres wirtschaftlichen und sozialen Leistungsstandes gewährleistet sind. Das ist das Entscheidende. Die Sozialisten haben die Substanz verbraucht, die wir in zwanzig Jahren geschaffen haben – siehe die Verschuldung des Bundes –, sie kennen ihre eigene Vergangenheit nicht, meistern die Gegenwart nicht, vertrösten auf die Zukunft, mit der sie nie fertig werden. Deshalb ist es an der Zeit, daß dieses Gewirr von marxistischen Spekulationen und pseudotheologischen Utopien einmal beendet wird durch eine nüchterne, sachliche Auseinandersetzung. Ich habe manchmal den Eindruck, wenn ich das hier etwas leger sagen darf: Seitdem man versucht hat, Gott zu eliminieren, hat man die Gesellschaft an die Stelle Gottes gesetzt, die Gesellschaft ist der neue Herrgott. Und weil zum neuen Herrgott auch ein neuer Teufel gehört, hat man die Kernkraft benutzt, um sie als neuen Teufel, als neuen Dämon auf die Menschheit loszulassen!

Ich gehöre genauso wie Helmut Kohl dem Kernenergierat der Bundesrepublik an, in verschiedenen Positionen, er als Vorsitzender der Partei und als Fraktionsvorsitzender, ich als Ministerpräsident. Bundesminister, Wissenschaftler und Gewerkschaftler sind dabei, ebenso Vertreter der Wirtschaft, ein ganz interessantes Kränzchen. Aber in der vorletzten Sitzung haben wir doch gehört – Helmut Kohl wird es bestätigen, Friedrich Zimmermann ist ebenfalls mit von der Partie! –, daß Herr Schmidt dem Ministerpräsidenten Albrecht die schwersten Vorwürfe gemacht hat, weil er beim Projekt Gorleben nicht schnell genug vorangehe. Und er hat das getan nicht in der sanften Art eines Predigers der Heilsarmee, die ihm nicht so steht, sondern in der ihm eigenen forschen Ansprache, die mehr aus dem militärischen Bereich kommt als aus der zivilen Unterhaltung. Von dort sind wir dann in den Wahlkampf nach Schleswig-Holstein gegangen. Dort haben wir vernommen, daß die Anlagen von Gorleben völlig überflüssig sind, ja, daß diese die Bevölkerung quälenden politisch-technischen Projekte nur auf die Schuld der Herren Stoltenberg und Albrecht zurückzuführen seien.

Wenn ich nicht beides innerhalb weniger Wochen nebeneinander erlebt hätte, die schweren Vorwürfe gegen Albrecht, daß er zu langsam vorgeht, und die diffamierenden Behauptungen des Herrn Egon Bahr in Schleswig-Holstein, dann hätte ich selbst nicht geglaubt, daß Heuchelei, Verlogenheit, Verfälschung des Sachthemas so weit gehen können, wie es hier bei diesem Thema leider geschehen ist und noch geschieht!

Zehn Jahre SPD/FDP-Regierungsbündnis haben genügt, die wirtschaftlichen, finanziellen und sozialen Grundlagen unseres Staates zu gefährden. Was durch Fleiß und Solidarität unserer Bürger aus dem größten Trümmerhaufen der Geschichte mit einer dynamisch modernen Wirtschaftspolitik aufgebaut wurde, ist in wenigen Jahren in Frage gestellt worden. Die Soziale Marktwirtschaft mußten CDU und CSU gegen den erbitterten Widerstand der SPD durchset-

zen. An dieser ideologisch bedingten Ablehnung einer freiheitlichen, auf Selbstverantwortung und sozialer Bindung gegründeten Wirtschaftsordnung hat sich trotz aller gegenteiligen Beteuerungen leider in Wirklichkeit nie etwas geändert. Die Sozialisten sind und bleiben die Erzfeinde marktwirtschaftlicher Freiheit. Das ist auch nicht verwunderlich, denn die Sozialisten sind die einzigen echten Reaktionäre unserer Zeit. Sie beziehen ihr Weltbild aus der industriellen Steinzeit. Sie beziehen ihr Weltbild Kommunistisches Manifest aus einer Zeit, in der es weder den Verbrennungsmotor, noch technisch nutzbare Energie, geschweige denn Kernenergie, gegeben hat, aus einer Zeit, als die großen Erfindungen des 19. und 20. Jahrhunderts höchstens einigen Wissenschaftlern als Ahnung vorschwebten, aber noch nicht industrielle Wirklichkeit waren. Aus dieser Zeit beziehen sie ihr Weltbild! Ich möchte die einmal fragen, ob sie sich auch von einem Chirurgen operieren lassen würden, der seine chirurgische Ausbildung auf dem Stand von 1848 abgeschlossen hat! Sicherlich nicht! Und hier kann ich auch Helmut Schmidt nicht ausnehmen. Ich zitiere ihn wörtlich: »Die Sozialdemokratie hat sich niemals das von Erhard verbreitete Schlagwort der Sozialen Marktwirtschaft zu eigen gemacht.« Da sieht man diese bodenlose Leichtfertigkeit – er vertritt Begriffe und Argumente wie andere Leute sich die Füße vertreten, einmal links, einmal rechts, einmal oben, einmal unten.
Für uns ist Soziale Marktwirtschaft nicht ein Schlagwort. Für uns war sie die große wirtschaftspolitische Konzeption, mit der durch fleißige Bürger nach dem größten Krieg aller Zeiten das riesigste Ruinenfeld der Weltgeschichte in zehn Jahren zur stärksten Wirtschaftsmacht Europas, zur bestausgebauten Sozialorganisation und zur zweitstärksten

Welthandelsmacht geworden ist. Das war die Soziale Marktwirtschaft, ist die Soziale Marktwirtschaft. Auch wenn es diejenigen, die die Arbeiterschaft glauben für sich gepachtet zu haben, sehr zum Leidwesen eines großen Teiles der Arbeiterschaft, nicht gerne hören – ich komme aus dem Arbeitermilieu einer Münchner Vorstadt in den zwanziger und dreißiger Jahren, angefangen von der galoppierenden Inflation, als aus 5 Billionen Reichsmark über Nacht 1 Rentenmark wurde, aus der Zeit der Scheinblüte weniger Jahre, aus der Zeit der rapid wachsenden Arbeitslosigkeit, der Weltwirtschaftskrise, der Massenarbeitslosigkeit. Ich weiß, wie sehr hier der Weg zu Hitlers Machtübernahme durch soziale Verelendung als Folge der Arbeitslosigkeit erleichtert worden ist, und wir dürfen es nicht nur im Inland, sondern auch im Ausland sagen: Hitler wäre nie an die Macht gekommen, wenn nicht Weltwirtschaftskrise und Massenarbeitslosigkeit ihm die Millionen zugetrieben hätten, die das Schwungrad der Macht für ihn überhaupt erst in Bewegung gesetzt haben. Ich komme aus diesem Milieu, ich weiß, was es heißt, in sozial bedrängten Verhältnissen zu leben. Ich weiß, warum wir diese Marktwirtschaft trotz aller Zweifel, trotz aller Widerstände, die gegen sie geltend gemacht worden sind, mit Nachdruck vertreten haben. Und wenn ich denke, was in meiner Jugend von den Arbeiterführern als das große Ziel der menschlichen Freiheit, der humanen Arbeitswelt, der rechtlichen Gleichstellung und des materiellen Wohlstandes für die Arbeitnehmer gepredigt worden ist – erreicht worden ist es durch eine moderne Konzeption der Sozialen Marktwirtschaft, gegen die Sozialisten und nicht mit Hilfe der Sozialisten!

Oder: wenn Helmut Schmidt weiter davon redet, Wirtschaft, Marktwirtschaft sei von sich aus niemals sozial, man müsse intervenieren, die soziale Politik im engeren wie im weiteren Sinne sei immer das krasse Gegenteil von Marktwirtschaft! Ich habe Herrn Schiller schon einmal dazu kondoliert, daß Helmut Schmidt, wenn auch nur kurzfristig, sein Schüler gewesen ist an der Hamburger Universität! Was heißt denn soziale Politik? Soziale Politik setzt natürlich voraus ein hohes Maß an wirtschaftlicher Leistungsfähigkeit, die Verteilung der Armut allein ist noch keine soziale Politik. Wenn man heute alle gleichmäßig arm machen würde in der Welt, wäre damit nicht der Anfang vom Aufstieg gemacht. Soziale Politik heißt, eine Wirtschaftsform zu wählen, mit der ein Maximum an Leistung und ein Optimum an Substanz erreicht wird. Dann kann man diese Substanz gerecht verteilen. Aber nicht so verteilen, daß man einerseits von der Kuh Milch und sie andererseits schlachten will und dann trotzdem noch ein zweites Mal das Fleisch von ihr haben will. Daher kam ja 1969 die Diffamierung der Sozialen Marktwirtschaft, die systematische Verfälschung der Begriffe, die zur Bewußtseinsveränderung führen sollte.

Die Sozialdemokraten waren es, die die Marktwirtschaft als Profitwirtschaft diffamiert haben, die von einem Wachstumsfetischismus gesprochen haben, von einer Wegwerfgesellschaft. Nur wenn die sozialdemokratischen Ministerpräsidenten, ich meine jetzt z. B. meinen Kollegen in Hessen, heute mit der Wirtschaft in »Frack und Zylinder« sich treffen, dann überbieten sie sich geradezu an Lobesworten für die Unternehmer, für ihre Leistung, – aber als SPD-Funktionäre haben sie eine ganz andere Sprache gesprochen. Es war derselbe Herr Börner, der diese – ich darf sagen infame – Aktion „gelber Punkt“ als allgemeine Hetze gegen die Unternehmer seinerzeit betrieben hat. Wir stellen die Unternehmer nicht unter die Käseglocke in einer kritikfreien Landschaft, ganz im Gegenteil, auch die Unternehmer müssen sich der Kritik stellen. Sie müssen durch Leistung und auch durch Leistung für die Gesellschaft und für den Staat ihre Funktion selbstverständlich immer wieder rechtfertigen und sie müssen sogar noch mehr tun: Sie dürfen ihre wirtschaftliche Leistung allein nicht mehr als Legitimation betrachten, sie müssen auch im politischen Raum den Kampf um ihre berechtigten Interessen nicht allein den Politikern überlassen, die dann heute in Gefahr kommen, zwischen allen Stühlen zu sitzen.

Wir haben den ungeduldigen Ruf nach immer mehr Staat erlebt. Die Forderung nach Systemveränderung, nach Investitionsmeldestellen, nach Investitionslenkung, das Schüren der Anspruchsinflation, die Verteufelung von Leistungswillen und Risikobereitschaft, vor allen Dingen beim Unternehmer, das Heranzüchten einer geistigen Grundhaltung, die Eigenverantwortung klein, die Verantwortung des Staates aber für die Befriedigung aller möglichen und unmöglichen Bedürfnisse ganz groß schreibt. Der Sozialismus kann nicht leugnen, daß er drei menschen- und gesellschaftsfeindliche Eigenschaften züchtet, nämlich Neid, Feigheit und Faulheit. Deshalb müssen wir zusehen, daß das soziale Netz, das CDU und CSU für unsere Gesellschaft geknüpft haben, nicht mehr und mehr zur Hängematte wird, zur Hängematte für Bürokraten und Funktionäre, zur Hängematte für Bequeme und Faule, für Ideologen und Vorbeter.

Dazu gehört auch die unvertretbare Ausweitung des »staatlichen Korridors«, des Anteils der Staatsausgaben am Brutto-Sozialprodukt. Im Jahre 1969 waren es noch 37,3 Prozent und im Jahre 1978 waren es bereits 47 Prozent. Ich begrüße, daß im Wirtschafts-Programm der CDU mit viel Mut davon gesprochen wird, daß der Staatsanteil am Brutto-Sozialprodukt wieder von 47 auf 40 Prozent zurückgeführt werden muß. Ich verwahre mich aber dagegen, daß ein Bundesminister, dem man wenigstens ein Minimum an Verstand, ein Minimum an Kenntnis der eigenen Materie und auch ein Minimum an demokratischen Umgangsformen von vorneherein zuschreiben müßte, im Bundestag bei der letzten Haushaltsdebatte dann so tut, als ob die Rückführung von 47 auf 40 Prozent durch CDU/CSU in einem Jahre geplant wäre. Das würde bedeuten, daß von einem Jahr zum anderen Jahr 90 Milliarden DM weniger an staatlichen Mitteln zur Verfügung stehen. Diese Demagogie von der Rednertribüne des Bundestages, vorgetragen durch Mitglieder der Bundesregierung, ist allein schon eine negative Qualifikation sowohl der Spitze als auch der sogenannten Fachminister. Wir wissen doch ganz genau, daß die Rückführung von 47 auf 40 Prozent nur in einem langwierigen, mühsamen Prozeß, bei dem man durch ein ganz dickes Brett sich Millimeter für Millimeter hindurchbohren muß, überhaupt möglich ist. Wir müssen das Wachstum der sogenannten Staatsquote zum Stillstand bringen und wieder langsam zurückführen. Das ist ein Prozeß, der wahrscheinlich in zehn Jahren nicht einmal bewältigt werden kann, der aber einmal in Angriff genommen werden muß.

Niemand erreicht das Ziel einer Reise, wenn er nicht den ersten Schritt tut. Niemand kann verlangen, daß man eine weite Reise am ersten Tag abschließen kann. Wer aber ans Ziel kommen will, der muß den ersten Schritt tun, und wir sind bereit, den ersten Schritt zu tun, um die Fehlentwicklungen der letzten zehn Jahre wieder schrittweise im Laufe einer erträglichen Frist zurückzuführen auf das Maß an

Solidität und Stabilität, das für eine moderne, auf die Zukunft gerichtete Staatsführung unerläßlich ist.

Man hat die Marktwirtschaft in ihrer Funktionsfähigkeit beeinträchtigt. Dann kamen die Schäden, und dann hat man den Teufel mit dem Beelzebub austreiben wollen, Marktwirtschaft erfülle ihre Funktion nicht mehr. Darum müsse an ihre Stelle schrittweise gesetzt werden, Dirigismus, Verplanung, staatliche Bevormundung, Einschränkung der Entscheidungsfreiheit sowohl der Unternehmer wie der Arbeitnehmer, staatliche Strukturpolitik mit Wirtschaftsprogrammen, Strukturprogramme mit Subventionen, Steuerpolitik usw. Dann kommt man schrittweise dem Ziel einer anderen Republik näher. Ich habe vorher gesagt: für uns sind die Unternehmer nicht eine privilegierte Schicht, die in eine Käseglocke gestellt und der Kritik und der Diskussion etwa entzogen wäre. Aber die materiellen Mittel sind immer knapp. Wer verfügt über die Verwendung der materiellen Mittel des für wirtschaftliche Zwecke notwendigen Kapitals besser: einer, der mit seiner eigenen Existenz haftet, weil es sein eigenes Geld ist, oder die, die unter sozial verstehen, daß andere Leute für sie zahlen sollen? Oder die, die im Zweifelsfall, wenn sie gescheitert sind, von einem Posten auf einen anderen Posten mit mindestens gleicher, wenn nicht höherer Bezahlung versetzt werden, und die wissen, daß sie dann im schlimmsten Falle in den Ruhestand gehen mit einem dicken Ruhegeldpolster? Da bin ich allemal noch der Meinung, daß der, der mit seinem eigenen Kopf dafür haften muß, ein erheblich höheres Maß an Arbeits- und an Leistungsfähigkeit und Erfindungsgabe hat, als der, dem überhaupt nichts passieren kann, gleichgültig, wie er mit dem ihm anvertrauten Gelde umgeht.

Wir halten fest an der Sozialen Marktwirtschaft, und wir werden sie auf allen Gebieten wieder funktionsfähig machen. Denn nichts kann sie ersetzen. Sie bedeutet für uns Vertragsfreiheit, Eigentumsgarantie, Eigentum auch an Produktionsmitteln, Leistungswettbewerb, freier Marktzugang, Freiheit der Investitionsentscheidung, Freiheit der Konsumwahl, Freiheit der Wahl des Arbeitsplatzes und Freiheit der Tarifparteien. Die ganze gesellschaftspolitische Diskussion mit dem Wort Freiheit oder Kollektiv dreht sich im wirtschaftlichen Bereich um eine Kernfrage: Soll nur der Staat oder die Gesellschaft im Besitz der Produktionsmittel sein, oder soll Eigentum an Produktionsmitteln auch in privater Hand möglich sein? Das ist die Kernfrage der Auseinandersetzung. Und hier kommt dann die sozialpolitische Vorstellung, verbunden mit der ganzen ideologischen Wortwahl und der Begriffsverfälschung: Freiheit des Menschen, die Befreiung von den Zwängen der industriellen Gesellschaft, der Mensch darf nicht mehr den Menschen ausbeuten. Ich möchte nicht vergleichen den Arbeitnehmer in dem Nichtausbeutungszustand in der DDR und den Arbeitnehmer in unserer modernen, leistungsfähigen, arbeitsteiligen, rechtlich und sozial abgesicherten Gesellschaft. Hier haben wir wohl eine völlig neue Definition in Zukunft zu erwarten von der Funktion der Mauer, des Schießbefehls, der Sperrzone und so weiter. Es geht selbstverständlich – um in bitterer Ironie zu sprechen – nicht darum, etwa die Insassen dieses Paradieses an der Flucht zu hindern, es geht darum, die Millioneneinwanderung unterdrückter, in der Marktwirtschaft versklavter Arbeitnehmer aus dem Westen nach dem Osten zu verhindern. Das ist dann wahrscheinlich die neue Funktion, die man ihr in der ideologisch aufgeladenen Propaganda gibt. Das ganze ist natürlich schwarzer Humor – ich habe das nur vorsichtshalber hinzugesagt!

Für uns gehören zusammen: Soziale Marktwirtschaft, parlamentarische Demokratie, freiheitlicher Rechtsstaat und föderative Ordnung. Das sind die vier tragenden Elemente, die vier tragenden Säulen einer menschlichen, leistungsfähigen und demokratischen Gesellschaft. Die aufziehenden Wolken am Horizont der Weltwirtschaft signalisieren Sturm. Gerade deshalb müssen wir wieder unsere Fundamente und die Wände und das Dach unseres Hauses gegen die Risiken der Zukunft stärker absichern. Wir brauchen ein echtes, nicht staatlich geführtes, sondern marktwirtschaftlich erreichtes Wachstum. Wir brauchen die Stärkung der Investitionsbereitschaft und der Investitionsfähigkeit der Unternehmer auch durch eine ermutigende Ertragslage. Wir brauchen nicht zuletzt die Stärkung der Innovationsfähigkeit der Unternehmen, nicht nur der Großunternehmen, sondern auch der mittelständischen Unternehmen auf allen Ebenen. Nur so können wir den überfälligen Abbau der Arbeitslosigkeit und die Sicherung der Arbeitsplätze erreichen. Dafür sind einige Grundsätze notwendig, die dann auch schrittweise in die Wirklichkeit umgesetzt werden müssen: Die Entlastung der Wirtschaft von Steuern und Abgaben, verbunden mit einer leistungsgerechten Steuertarifpolitik, die Umsetzung des von CDU/CSU erklärten Zieles der Senkung der Staatsquote, die Eindämmung der Gesetzesflut, der bürokratischen Bevormundung und die Verminderung der Bürokratisierungskosten.

Dafür ist nach unserer Überzeugung weiter notwendig, daß endlich auch einmal Schluß gemacht wird mit der Flut von

Programmen und Sonderprogrammen, deren Ausgabevolumen in keinem Verhältnis zum wirtschaftlichen Wachstum steht. Dazu gehört auch, daß der Bund nicht ständig in die regionale Strukturpolitik der Länder hineingreift, ihnen die Mittel dafür vorenthält und über Fragen mitbestimmen will, die nicht nur aus verfassungsrechtlichen Gründen, sondern auch aus Gründen der praktischen Nähe besser von den Ländern entschieden werden können als von entfernten Bürokratentischen im rheinischen Bonn. Damit muß auch verbunden werden, daß Schluß gemacht wird mit einer mittelstandsfeindlichen Politik, die zum Massensterben jener Betriebe geführt hat, die für das Funktionieren der Sozialen Marktwirtschaft und damit für eine freiheitliche Ordnung ein unentbehrliches Element darstellen. Uns geht es nicht um die Großbetriebe, die notwendig sind in ihrer Art, um Großbetriebe, deren Rechtsstellung leicht geändert werden kann. Die Umstellung von einer großen Kapitalgesellschaft auf eine Gesellschaft volkseigenen Rechtes ist ohne Zweifel rechtlich und organisatorisch leicht möglich, wenn auch die Leistungsfähigkeit und Wettbewerbsfähigkeit zurückgeht. Aber warum ist der Sozialismus so mittelstandsfeindlich? Warum wird in den Ländern des »realen Sozialismus«, wie es heißt, in den Ländern des Ostblockbereiches der Mittelstand systematisch vernichtet? Warum läßt man Unternehmer höchstens noch in der Größe eines Familienbetriebes in einer geduldeten Existenz zu? Weil die Hunderttausende mittelständischer Existenzen auf Verantwortung und Leistungswillen beruhen und als aufrechte, demokratische Bürger einen unüberwindlichen geistigen und moralischen Wall gegen das Vordringen des Kollektivismus bedeuten.

So gehört auch zu unseren Zielen die Wiedergewinnung

der finanziellen Stabilität. Helmut Kohl hat auf die erschütternde Entwicklung der Bundesschulden und damit auch als unvermeidbare Folge der vom Bund in Gang gesetzten Programme auch auf die Schulden der Länder und Gemeinden hingewiesen. Ich brauche mich hier nicht zu rechtfertigen, denn Bayern steht, obwohl es nicht zu den wirtschaftsstarken Ländern gehört – wir gehören auch nicht mehr zu den spezifisch wirtschaftsschwachen Ländern, aber wir haben die Schwelle noch nicht ganz überschritten von den steuerschwachen zu den steuerstarken Ländern –, mit der Verschuldung pro Kopf mit Abstand am Ende der Liste. Trotzdem hätten wir es uns auch leichter machen können. Wir hätten auch sagen können, wir nehmen mehr Kredit auf, und dann können wir alle möglichen, attraktiven Geschenke, vor allem in den Wahljahren, machen. Irgendwo aber muß die Demagogie der Wahlkampfpolitik ein Ende haben, muß der Ernst staatsmännischer Verantwortung an ihrer Stelle stehen! Denken wir nur daran, daß zum Beispiel nach 20 Jahren CDU/CSU von Adenauer bis Kiesinger und von Schäffer bis Strauß – erster und letzter Finanzminister der CDU/CSU-geführten Regierungen – die Nettokreditaufnahme des Bundes ganze 14 Milliarden DM betragen hat. Dabei sind wir uns einig, Nettokreditaufnahme heißt: Aufgenommene Schulden minus geleistete Tilgungen. 14 Milliarden DM zusammengenommen in 20 Jahren! Aus den 14 Milliarden DM bis Ende 1969 werden bis Ende 1979 200 Milliarden geworden sein. Das heißt, daß in einem Drittel der 30 Jahre das vierzehnfache von dem an Schulden aufgenommen worden ist, was vorher in den 20 Jahren insgesamt aufgenommen wurde.

Ich habe manchmal den Eindruck, daß man in Bonn nur

mehr wenige Leute hat – das ist natürlich eine Folge der Bildungsreform! –, die wissen, wie viele Nullen zu einer Milliarde gehören. Von Nullen verstehen sie viel, aber von der Eins davor anscheinend wenig. Wenn man dann fragt – ich habe das mehrmals in Diskussionen getan – wie hoch ist denn der Turm, bestehend aus neuen Tausendmarkscheinen, aufeinandergestapelt, bis die Höhe der Schuldaufnahme des Bundes – nur im Jahre 1979 – dargestellt wird? Da hört man von 200 m, von 600 m, der dritte sagt, so viel kann's ja gar nicht sein. Der Turm, der sich ergeben würde, wenn man neue Tausendmarkscheine aufeinandernimmt, 3700 m, 800 m höher als die Zugspitze! Helmut Kohl hat vorher mit Recht gesagt, daß Anfang der achtziger Jahre der Zustand erreicht ist, wo der neuaufgenommene Kredit nicht mehr ganz ausreicht, um die Zinsen für höhere Kredite zu bezahlen.

Wir sind hier auf einem Parteitag, auf dem sicherlich politisch leidenschaftlich, aber auch sachlich ernsthaft geredet wird. Deshalb erlaube ich mir die Bemerkung, daß dieses Thema natürlich die Gegenwärtigen nicht von den Stühlen reißt, weil sie die Gefährlichkeit des schleichenden Giftes im Augenblick zwar erkennen, aber noch nicht am eigenen Leib spüren. Aber wenn man alle aufnehmbaren Schulden dafür verwenden muß, um nur die Zinsen – gar nicht einmal die Tilgung – für frühere Schulden zahlen zu können, dann hat der Kredit, der Staatskredit, seine volkswirtschaftliche und seine finanzwirtschaftliche Bedeutung und Funktion verloren. Denn der Kredit soll doch dem Ziele dienen, durch zusätzliche staatliche Leistungen, vor allem durch investive Leistungen, die Grundlagen für die Zukunft zu legen, die Gegenwart zu sichern und die Leistungsfähigkeit der nächsten Generation zu gewährleisten. Wenn aber die kommende Generation nur noch die Schulden der heutigen abzahlen muß, so ist das eine Politik des »Nach uns die Sintflut«. Ich weiß, daß manche in der älteren Generation sagen: »Ach Gott, was haben wir alles erleben müssen!« – und das kann ich wirklich für die Spanne unseres Lebens sagen, wenn ich die deutsche Geschichte von 1915 bis heute etwa in ihren Etappen, so, wie ich sie selbst erlebt habe, mehr leidend als handelnd – handelnd vielleicht erst in den letzten 30 Jahren – betrachte. Dann kann man natürlich sagen, sollen die Jungen die Probleme selber lösen, die wir ihnen hinterlassen! Mit dieser abenteuerlichen Politik aber, die ja immer in Kriegen und Inflationen mündete, muß endlich Schluß gemacht werden!

Wir wollen, wir können der Jugend kein arbeitsfreies Dasein, kein frühzeitiges Pensionsalter, keine leistungslose Gesellschaft versprechen. Im übrigen, eine Jugend, der man das versprechen und bieten würde, die würde sogar verkommen und verfaulen! Die Jugend will arbeiten, will etwas leisten, man muß ihr allerdings auch vernünftige, erreichbare Ziele zeigen – und man darf nicht davon ausgehen, daß einer um so gescheiter ist, je jünger er ist. Genausowenig, wie man davor sicher ist, daß Alter auch Torheit bescheren kann –, aber hier hat sich im Laufe der letzten Jahrzehnte oft eine falsche Reihenfolge ergeben! Unsere Jugend will etwas leisten, unsere Jugend muß etwas leisten, und wir haben die unabweisbare Pflicht, ihr einen Staat, eine Wirtschaft, eine Gesellschaft zu übergeben, in der sie nicht erst einmal den Schutt der Vergangenheit aufräumen muß, sondern in der sie auf dem Erbe der Väter ihr Leben bauen kann. Diese Garantie durch eine solide und stabile Politik des Augenmaßes, der Vernunft und der Verantwortung ist für die Jungen, ernsthaft gesehen und rational durchgedacht, wesentlich besser als diese utopischen Luftschlösser der gesellschaftlichen Paradiesbauer, die in Wirklichkeit dann doch nur Fata-Morgana-Erscheinungen marxistischer Halbtheorie sind.

Zu dieser Sicherung der Zukunft gehört etwas, was Helmut Kohl mit Recht groß geschrieben hat, was ich genauso groß schreibe, wenn ich mich unter Berufung auf die von mir in jeder Hinsicht geteilten Ausführungen zur Familienpolitik berufe. Es geht nicht nur um die materielle Hilfe für die Familie, die unerläßlich ist, es geht auch genauso um die moralische Anerkennung der menschlichen, der gesellschaftlichen, der staatlichen und der Gesamtfunktion der Familie, die durch nichts anderes und keine andere Einrichtung oder Lebensweise ersetzt werden kann.

Es gibt riesige Programme, ich will sie hier nicht zitieren. Aber was der Herr Bundeskanzler vor kurzem darüber gesagt hat, ist schon erschreckend, wenn er davon gesprochen hat, daß in der Welt ja eigentlich Übervölkerung herrsche, also der Rückgang der Bevölkerung bei uns doch eine ganz wünschenswerte, durchaus vernünftige Entwicklung sei. Natürlich gibt es das Problem der Übervölkerung, vor allem im ostasiatischen Raume, auch in anderen Räumen, aber bei uns soll man sich über zwei Grundtatsachen im klaren sein:

1. Es gibt keine Sozialpolitik, losgelöst von der wirtschaftlichen Leistungsfähigkeit, losgelöst von der Funktionsfähigkeit unseres gesamten Ordnungssystems; die soziale Leistungsfähigkeit führt kein Eigenleben, sondern ist eine Funktion der Arbeitsfähigkeit und Ertragskraft unserer Wirtschaft und der Leistungsfähigkeit unseres Staates und seiner Institutionen.
2. Es soll sich niemand einem Zweifel darüber hingeben,

daß beim Anhalten der gegenwärtigen Bevölkerungsentwicklung zur Aufrechterhaltung der heutigen Leistungen des staatlichen, des sozialen Netzes ein Anteil vom Arbeitseinkommen abgezweigt werden muß, der zum Schluß weit über 50 Prozent hinausgeht. Wenn zur Aufrechterhaltung der dynamischen Altersrente Beitragssätze von 22, 24, 28, ja über 30 Prozent verlangt werden, dazu der Beitrag zur Arbeitslosenkasse, dazu der Beitrag zur Unfall- und Krankenversicherung und dazu natürlich auch der Beitrag zur staatlichen Leistungsfähigkeit in Gestalt der Steuern, dann hört jedes vernünftige Verhältnis von Leistung und Gegenleistung auf.

Wir können dieses Netz sozialer Sicherung, vor allem die dynamische Altersrente, nur bei einer vernünftig und gesund zusammengesetzten Bevölkerungspyramide aufrechterhalten, wenn nicht unerträgliche Belastungen durch Steuern und Abgaben in den nächsten Jahrzehnten auf uns zukommen sollen. Das ist die Kernfrage, hier muß man ansetzen. Hier nützen keine schönen Reden, hier nützen keine gesellschaftspolitischen Utopien, hier nützen keine Luftschlösser etwas. Das sind die eisernen, die ehernen und harten Gesetze der wirtschaftlichen und finanziellen Zwangsläufigkeiten. Ich habe damals als junger Politiker im Wirtschaftsrat in Frankfurt, entgegen dem Druck, der von vielen Seiten kam, auch mit meiner bescheidenen Stimme zu dem Erfolg Ludwig Erhards in der parlamentarischen Abstimmung beigetragen, weil er uns versprochen hat, daß wir im Falle der Einführung dieses Wirtschaftssystems am schnellsten mit den Folgen des Zweiten Weltkrieges, am schnellsten mit den Belastungen, die uns Hitler und zum Teil auch die Besatzungsmächte hinterlassen hatten, fertig würden.

Was hat uns denn damals getrieben? Getrieben hat uns nicht der materielle Wohlstand. Ich weiß noch, wie dankbar ich war, gesund aus dem Zweiten Weltkrieg heimgekehrt zu sein, und ich weiß, wie wir damals gesagt haben: »Lieber Gott, laß uns da noch einmal davonkommen, laß uns auch als Volk noch einmal davonkommen. Wenn wir bis zum Lebensende in großer Armut und hart arbeiten, uns wieder eine bescheidene Existenz aufbauen können, sind wir völlig zufrieden, auf den Knien sind wir dankbar«. Heute meint man, daß die Steine zu reden anfangen müßten, weil die Menschen manchmal die Maßstäbe verloren haben. Damals waren wir von einer Furcht getrieben, ich kann beinahe sagen, gejagt, die sich zum Glück nicht erfüllt hat, die aber sehr nahe an der Erfüllung war. Ich habe vorher davon gesprochen, daß ohne die Massenarbeitslosigkeit Hitler nicht Millionen hätte faszinieren und damit die schrecklichste Epoche deutscher Geschichte mit dem verhängnisvollen Ende hätte einleiten können. Nach dem Zweiten Weltkrieg: ein zerstörtes Land, eine zerstörte Wirtschaft, ein gelähmtes Transportsystem, eine vernichtete Handelsflotte, eine Abschnürung von den Weltmärkten und Weltmeeren, dazu 6, 7, 8, 10, 12 Millionen Vertriebener und Flüchtlinge, die nur das mitgebracht hatten, was sie auf dem Leibe tragen konnten. Ich war damals Landrat. Ich weiß, was das hieß, wenn man Sporthallen, Turnhallen, kirchliche Vereinssäle beschlagnahmen mußte, um Lager, ja man muß schon sagen, halb menschenunwürdige Lager zu errichten – das war doch damals unsere Erfahrung! Und da hatten wir Angst: »Mein Gott, kommt denn das jetzt wieder, daß durch Massenelend und Massenarbeitslosigkeit eine neue Welle der Radikalisierung über unser Volk geht?«

Erlauben Sie mir hier, auch ein Wort des Respektes, der Achtung und der Anerkennung für unsere Vertriebenen und Flüchtlinge zu sagen. Sie haben die Zeit der Not und Entbehrung mit großem Mut und großer Standhaftigkeit getragen. Sie, die auch gegen manche Unvernunft bei den Einheimischen ankämpfen mußten, haben es uns, den Einheimischen, ermöglicht, sie Schritt für Schritt in unser Land und in unser Wirtschafts- und Gesellschaftssystem zu integrieren. Täuschen wir uns nicht: hätten wir nicht das System der Sozialen Marktwirtschaft eingeführt, wir hätten das Massenproblem von 12, 13 Millionen Flüchtlingen und Vertriebenen nicht in menschenwürdiger Weise lösen können. Damals habe ich gelesen, was eine kommunistische Zeitung in einem östlichen Nachbarlande geschrieben hat: daß diese Politik der Vertreibung auch ihren Sinn darin habe, in dem anderen Teil Deutschlands, der nicht von der Roten Armee besetzt ist, einen inneren Druck zu schaffen, der zwangsläufig die aus Verzweiflung radikalisierbaren Massen dann in die Arme des Kommunismus treiben müsse.

Das wage ich auch unseren westlichen Freunden zu sagen: Die größte Schlacht um die Freiheit für Europa, die größte Schlacht um die Demokratie ist in der Bundesrepublik ausgetragen worden, die durch die unerhörte wirtschaftlich-soziale Leistung auf dem Boden der Sozialen Marktwirtschaft überhaupt erst möglich geworden ist. Erlauben Sie mir in dem Zusammenhang auch zu sagen, daß die Probleme, vor denen wir damals standen, unvergleichlich größer waren als die, vor denen wir in den letzten Jahren standen. Wenn wir mit dem Rezept der Sozialen Marktwirtschaft die Probleme gigantischen Ausmaßes in jenen Jahren lösen konnten, dann werden wir auch die Probleme von heute, soweit sie im Inneren unseres Landes und in der europäischen Zusammenarbeit liegen, auch nur mit wirtschaftlicher Freiheit, sozialer Gerechtigkeit und demokratischer Lebenswürde gestalten können.

Unsere Arbeit gilt auch dem Aufbau eines freiheitlichen europäischen Staatensystems. Helmut Kohl hat über die Europa-Wahl und ihre Ausblicke eindeutig und zielorientiert gesprochen. Wir wissen, wie mühsam und wie schwierig dieser Weg ist. Wir wissen, daß unser Ziel, die Schaffung der Vereinigten Staaten Europas, heute noch nicht greifbar vor uns steht. Wir wissen, daß wir nur schrittweise vorgehen können. Wir wissen, daß wir in absehbarer Zeit im äußersten Fall einen halbwegs funktionierenden Staatenbund erreichen werden und noch einen weiten Weg haben, bis ein europäischer Bundesstaat entstehen kann. Deshalb müssen wir auf zwei Wegen vorgehen: Wir müssen unser Ziel der europäischen Einigung nach wie vor verfolgen, wir dürfen nicht zurückfallen in nationalstaatliche Engstirnigkeit oder in kleinliche Grenzgesinnung. Aber wir müssen auf der anderen Seite auch die bilaterale Zusammenarbeit pflegen, mit unseren europäischen Nachbarn, mit Frankreich, mit England, mit Italien und mit den kleineren. Manche Schicksalsfrage wird durch den Konsensus der europäischen Staatsmänner eher gelöst werden können als etwa durch handlungsunfähige europäische Organe!

Dieser Überblick kann von mir nicht geschlossen werden, ohne ein Wort zur Deutschlandpolitik zu sagen. Hier wird ja die Formel der Entspannung nicht als eine rational durchschaubare, vernünftig auslegbare, pragmatisch anwendungsfähige Politik gepredigt, sondern beinahe wie ein politisches Reizwort, wie ein politisches Kampfwort und nicht zuletzt wie ein politisches Verleumdungswort des politischen Gegners verwendet.

Wer ist denn gegen Entspannung? Kein vernünftiger Mensch und kein verantwortungsbewußter Politiker ist gegen Entspannung. Aber ich möchte in aller Deutlichkeit auf drei Punkte hinweisen.

Erstens: Der Begriff Entspannung, die Umstände, die der Entspannung nützen oder der Entspannung schaden, der Inhalt dessen, was Entspannung ist, und dessen, was nicht Entspannung ist, kann nicht von der Sowjetunion allein definiert werden. Daß die Sowjetunion hier ein legitimes Recht hat, ihre Vorschläge von Entspannung in die internationale Diskussion einzubringen, wird doch von uns wahrlich nicht bestritten. Aber von uns wird bestritten, daß sie ein Monopol darauf hat, und wir verwahren uns dagegen, daß unser Eintreten für Freiheit, Recht und Menschenwürde in ganz Deutschland als eine Gefahr oder eine Beeinträchtigung der Entspannung ins Gegenteil dessen verkehrt wird, was man darunter eigentlich zu verstehen hätte.

Zweitens: Entspannung darf nicht dazu führen, daß die Wachsamkeit und die Bereitschaft in der militärischen Verteidigung wie auch in der Sicherung gegen die Feinde der Demokratie im Inneren schrittweise abgebaut wird und durch Gewöhnung allmählich erlahmt. Entspannung ist unmöglich ohne militärische Wachsamkeit und ohne militärische Bereitschaft, weil sie dann in sich selbst zusammensinkt.

Drittens: Entspannung ist unteilbar. Man kann in Europa nicht von einem großen Erfolg der Entspannung reden, solange in Afrika Stellvertreterkriege von der kubanischen

Fremdenlegion oder einem Honeckerschen Afrikakorps ausgetragen werden und Europa damit an seiner empfindlichsten Lebensgrundlage – und das sind natürlich Erdöl und Rohstoffe – praktisch von außen her ausgehöhlt wird. Ich wundere mich hier über die Kurzsichtigkeit – aber wer ihn näher kennt, braucht sich nicht mehr zu wundern – des Bundeskanzlers, der vor kurzem sagte, die Entspannung sei doch ein großer Erfolg, nur in Afrika funktioniere sie nicht, weil sie dort nicht vereinbart sei. Entspannung muß unteilbar sein, oder sie wird nie das werden, was jeder vernünftige und verantwortungsbewußte Mensch sich unter Entspannung vorstellt.

Wir müssen sehr wohl unterscheiden zwischen den gegebenen Machtpositionen und vorgezeichneten Rechtspositionen. Wir haben die Ostverträge nicht ausgehandelt, sonst hätten sie einen besseren, präziseren, deutlicheren und nicht beliebig in Moskau oder am Rhein verschieden auslegbaren Inhalt. Das ist auch der Grund meiner Aussage, wenn ich sage: Unsere östlichen Vertragspartner haben einen Anspruch darauf, daß ihnen gegenüber dieselbe Sprache gesprochen wird wie auch bei uns zuhause. Auch wir haben einen Anspruch darauf, solide und ehrliche Gesprächs- und Konferenzpartner zu haben. Ich habe bei verschiedenen Gelegenheiten, auch bei dem Gespräch mit dem Generalsekretär der KPdSU oder kürzlich in Ungarn, das Wort wiederholt, das ich im Januar 1973 vor dem Deutschen Bundestag gesagt habe: »Pacta sunt servanda« – für uns gelten selbstverständlich die Ostverträge ohne Wenn und Aber. Und diese Ostverträge sind völkerrechtlich gültig abgeschlossen worden. Solange die andere Seite sie einhält, sind wir zur Einhaltung verpflichtet. Was soll man denn einhalten, was ist denn der Inhalt dieser Verträge, wie ist denn die Auslegung dieser Verträge? Hier gibt es für Demokraten, die Verfechter des Rechtsstaates sind und sich der verfassungsrechtlichen Grundsätze bewußt sind, nur eine einzige Auslegung: kein Vertrag kann anders ausgelegt werden, als das deutsche Verfassungsrecht es zuläßt. Das deutsche Verfassungsrecht steht auch nicht zur Disposition der Vertragsformulierer und Unterhändler, sondern der Spielraum der Aushandlung und jetzt der Spielraum der Auslegung steht zur Disposition des deutschen Verfassungsrechtes.

Wir sind stolz darauf, daß wir damals im Jahre 1973 nach Karlsruhe gegangen sind und ein Urteil erwirkt haben, einstimmig vom Gericht getroffen, ein Urteil, das die Grenzen der Verfassungsrechtlichkeit festgelegt hat. Daran gibt es keinen Zweifel, daß rechtlich gesehen das Deutsche Reich nach wie vor fortbesteht, daß diese Rechtssituation nur durch einen Friedensvertrag abgelöst oder geändert werden kann. Die Ostverträge sind Verträge des Miteinanderauskommens, des geregelten Miteinanderlebens und des geregelten Zusammenarbeitens.

Aber ich warne linke Rechtsprofessoren davor, Rechtspositionen als einen sinnlosen Formelkram zu diffamieren, wie es Herr Ehmke, wie es andere getan haben. Es gibt auch keinen Zweifel für uns, daß es nur eine deutsche Staatsbürgerschaft und nicht zwei deutsche Staatsbürgerschaften gibt, und es gibt keinen Zweifel, daß die Grenze zwischen Bayern und Baden-Württemberg eine ähnliche Rechtsqualität hat wie die Grenze zwischen Bayern und Sachsen. Oder umgekehrt ausgedrückt: Die Grenze zwischen Bayern und Sachsen hat ähnliche Rechtsqualität wie die Grenze zwischen

Bayern und Baden-Württemberg. Das schließt eben ein, daß wir die Konsequenz nicht ziehen können, wollen und werden, nämlich jene, daß mit diesen Verträgen die Anerkennung Deutschlands in zwei Nationen automatisch verpflichtend verbunden ist. Als ich die Rechtsposition mehrmals in der Öffentlichkeit darlegte, hat die offizielle sowjetische Nachrichtenagentur mir vorgeworfen, daß der Satz »pacta sunt servanda« einerseits und das Nein zur Anerkennung der Teilung Deutschlands in zwei Nationen andererseits miteinander unvereinbar seien. Wer »pacta sunt servanda« übe, der müsse auch die Teilung Deutschlands in zwei Nationen in dem Begriff »pacta sunt servanda« automatisch einbeziehen! So ist es mir entgegengehalten worden und Herr Wischnewski und Herr Bahr haben mir dann weitere Interpretationen des »pacta sunt servanda« abverlangt. Sie brauchen von mir gar keine weiteren Interpretationen zu verlangen, wir, das ganze Deutschland, nicht nur die Opposition in Bonn, haben Anspruch darauf, daß die Bundesregierung und Helmut Schmidt endlich den Schleiertanz aufgeben und erklären, ob für sie mit der Einhaltung der Ostverträge auch das feierliche Bekenntnis zur Teilung Deutschlands in zwei Nationen automatisch verbunden worden ist. Hier haben nicht wir Erklärungen abzugeben, hier hat endlich die Bundesregierung die Rechtsposition zu klären und ihren Standpunkt bekanntzugeben!

Wir können und – lassen Sie mich das am Schluß sagen – den politischen Wandel in der Bundesrepublik Deutschland herbeiführen. Wir können ihn herbeiführen, dank unserer geistigen und werthaften Grundlagen. Ich habe auf unsere materiellen Erfolge, unsere wirtschaftliche Leistungsfähigkeit, unsere finanzielle Solidität hingewiesen. Aber wir leben in einer sehr schnellebigen und vergeßlichen Zeit. Auf unsere großen Taten der Vergangenheit können wir nicht uns dauernd als Legitimation für die Zukunft berufen. Deshalb hat Helmut Kohl mit Recht, und ich schließe mich durchaus an, von den geistigen und werthaften Grundlagen unserer Partei gesprochen, von den geistigen und werthaften Grundlagen der christlichen Positionen im weitesten Sinn des Wortes, der modern-konservativen Grundlage, der echt liberalen Grundlage, der fortschrittlich-europäischen Grundlage, aber auch der legitimen nationalen Grundlage. Dank unserer geistigen und werthaften Grundlagen, dank unserer sachlichen Ziele und dank der politischen Kraft, die das Vertrauen vieler Millionen Bürger in die Ehrlichkeit, in die Leistungsfähigkeit, in die geschichtliche Verantwortungsfähigkeit der Unionsparteien setzen, können wir diese Wende herbeiführen. Unsere Politik ist wirklichkeits- und sachbezogen. Sie ist erfolgreich, weil wir im Gegensatz zu den Sozialisten frei sind von widervernünftiger Theoriegläubigkeit, frei sind von reaktionärer Ideologieverfallenheit und frei sind von futuristischem Begriffsfetischismus.

Wir bekennen uns zur Geschichtlichkeit unseres Daseins, auch in der bewußten Annahme unserer Geschichte, nicht nur in ihrer ständigen selbstquälerischen Bewältigung. Wir bekennen uns zu unserer Geschichte, und wir wissen als Christen, daß leider das menschliche Leben einen Unglückscharakter hat, so wie die Geschichte auch einen Verhängnischarakter hat. Wir wollen mit dem Worte Verhängnischarakter nichts von Schuld und Sühne streichen. Wir wollen damit uns nicht aus der Verantwortung herausmogeln. Aber zur deutschen Geschichte haben nicht nur Hitler, Himmler, Goebbels und Göring gehört. Zur deutschen Geschichte haben die großen Kaiser des Mittelalters gehört, haben die großen Humanisten gehört, haben die großen geistigen Errungenschaften der Renaissance, der Aufklärung gehört. Zur deutschen Geschichte gehören Leibniz und Goethe, und zur deutschen Geschichte gehört auch Konrad Adenauer. Das ist das echte Deutschland. Wir bekennen uns zu den sittlichen Werten und Grundsätzen der christlichen Religion. Wir bekennen uns zum christlichen Humanismus, zu den Grundsätzen, die seit vielen Generationen deutsches und europäisches Gemeinschaftsleben prägen. Wir stehen auf dem geistig-moralischen Fundament der griechischen Kultur, der hellenistisch-römischen Zivilisation, der christlichen Religiosität aller christlichen Konfessionen. Wir stehen auf dem Boden der schöpferischen Leistungen der europäischen Völker, der Romanen, der Germanen und der Slawen. Wir stehen auf diesem geschichtlichen Fundament. Wir bekennen uns zu diesem geschichtlichen Erbe. Wir sind nicht gewillt, es zu leugnen, wir sind gewillt, es zu bewahren, wir sind gewillt, es weiter auszubauen. Und wir sagen nein zu jeder geschichtslosen Verantwortungslosigkeit. Wir sagen nein zu jeder stupiden Theoriegläubigkeit. Wir sagen nein zum Abfall von Gott und der Geschichte, wie es im Laufe der Jahre uns systematisch vorgepredigt worden ist.

Für uns heißt auf diesem Fundament liberal: freiheitlich mit Wertbindung, nicht als bindungsloser Liberalismus, der immer noch zum Transmissionsriemen des Marxismus geworden ist. Für uns heißt konservativ: das Bekenntnis zu Heimat und Vaterland, das Bekenntnis zur freiheitlich-rechtsstaatlichen Ordnung als Ergebnis jahrhundertelanger geschichtlicher, oft blutiger und mühsamer Kämpfe und innerer Entwicklungen.

Wir wissen um die Bedingtheit und der Abhängigkeit,

Gebundenheit und Schwäche des menschlichen Daseins. Wir predigen keine irdische Vollkommenheitstheologie, die nur zu utopischen Luftschlössern führt. Wir wissen, daß der Mensch im Strome seiner Umwelt lebt. Wir wissen, daß der Mensch eingebunden ist in den zeitlichen Ablauf. Wir wissen, daß Gegenwart immer der Punkt ist, wo Vergangenheit und Geschichte sich umsetzen in Zukunft. Wir wissen, daß der Mensch hineingestellt sein muß in menschliche Bindungen, deren oberste, heiligste und wichtigste die Familie ist und sein soll.

Wir wissen, daß der Mensch hineingestellt ist in den Strom der Geschichte, hineingestellt ist in das Schicksal seiner Nation und seines Vaterlandes. Wir wissen, daß der Mensch hineingestellt ist in seine landschaftliche Umwelt, deshalb sind wir auch leidenschaftliche Anhänger des Heimatrechtes ohne revanchistische oder sonstige Gedanken, die uns dabei immer unterstellt werden. Dieses christliche Menschenbild ist das verpflichtende Erbe und gleichzeitig das verpflichtende Ziel für unsere gesamte Politik.

Wir bekennen uns zu den Errungenschaften der Menschheitsgeschichte, die zu mehr Freiheit und Fortschritt und Menschlichkeit geführt haben. Das sind oft kleine Dinge. So banal sie sind, so schwierig sind sie auch, wenn man etwa von Humanisierung der Arbeitswelt redet. Die oberste Voraussetzung der Humanisierung der Arbeitswelt ist der Ersatz schweißtreibender menschlicher Energie durch technische Energie.

Wir haben uns bemüht, von der großen Schuld der Zeiten zu streichen, was zu streichen ist. Wir haben uns bemüht, wiedergutzumachen. Wir haben uns bemüht, einen Rückfall in nationalstaatliche Enge, in nationalistische Verblendung oder in totalitäre ideologische Besessenheit ein für allemal unmöglich zu machen.

Und darum kommt den Wahlen 1980 eine schicksalhafte, eine epochale Bedeutung zu, weil eine Entwicklung abgebrochen werden muß, die in eine unheilbare Zukunft führen wird. Weil wieder angeknüpft werden muß an die Grundsätze und die Leistung der zwanzig großen Jahre der Nachkriegszeit, die wir geschaffen haben als Denkmal, aber auch als Verpflichtung. Weil wir vor Gott und der Menschheit die Verantwortung und die Verpflichtung anerkennen, unseren Kindern ein menschenwürdiges Deutschland, ein demokratisches Deutschland, ein rechtsstaatliches Deutschland und ein freiheitliches Deutschland zu hinterlassen. Und darum: Alle Kraft für Deutschland!

Nachwort von Golo Mann: Das geistige Ringen um den Kontinent *Politische Entscheidung nach dreißig Jahren Frieden und Wachstum*

Europa – das bedeutet überwiegend wenn nicht ausschließlich, den Teil von Europa, dessen Bürger über ihr Schicksal frei entscheiden können, auch wenn sie es manchmal gar nicht wissen: in Spanien am 1. März 1979 haben sie es doch wieder einmal gewußt, ebenso in Frankreich im Jahr 1978.

Wir können den Standort, von dem aus wir diskutieren, den der Bundesrepublik Deutschland, nicht verleugnen. Sicher, die Dinge in allen mittel- und westeuropäischen Staaten sind mehr oder weniger eng miteinander verwandt. Wir sind alle im gleichen Boot und wissen viel mehr übereinander als ehedem und müssen es auch. Importe von einem Land ins andere, von einem Kontinent in den anderen gibt es über und über, gute und schlechte Importe. Epidemien haben von jeher keine Grenzen gekannt, auch als unsere Welt 100 000 mal größer war, als sie heute ist, und die Grenzen nicht so offen waren wie heute. Aber Unterschiede gibt es auch. Zur Zeit sprechen sie keineswegs zuungunsten der Bundesrepublik.

Von jetzt an werde ich Deutschland sagen, ohne Bundesrepublik, weil ja die Bundesrepublik doch das eigentliche Deutschland ist und trotz aller Botschaften und Zeremonien in Berlin Ost auch in der weiten Welt in aller Diskretion als solches erkannt wird. Die Form ist eines, die Gefühle sind etwas anderes.

Geistige und politische Krise – das Wort geistig ist hier nicht so zu verstehen, als ob es sich um eine religiöse oder eine von neuer, die Geister bewegende, Philosophie ausgelöste Krise handle. Ein Zeitalter großer Philosophie ist heute nicht. Die Tatsache, daß Schriftsteller wie Ernst Bloch oder Theodor W. Adorno uns als große Philosophen aufgeschwatzt werden konnten, beweist es im Negativen. Die letzte Philosophie, die noch Gewicht hatte und die zumal der intellektuellen Jugend etwas zu sagen hatte, war die Existenzphilosophie, besonders die von Sartre geprägte. Sie war in den vierziger und fünfziger Jahren, den Jahrzehnten ihres Wirkens, schon durchaus Krisenphilosophie; was nun wieder zeigt, daß die Krise, insoweit sie das Adjektiv »geistig« verdient, nicht von gestern ist, sondern in das erste Jahrhundert-Drittel zurückgeht und dann noch viel viel weiter.

Die Existenz-Philosophie, eine Philosophie des radikalen Atheismus, war eben darum der Verzweiflung immer nahe, ohne ihr zu verfallen. Im Gegenteil, sie besaß durchaus positive Elemente. Auf die allereinfachste Formel gebracht, lief sie darauf hinaus, daß jeder einzelne seines Glückes Schmied sei, oder nur dem das Leben gewonnen sei, der es einsetze – eine Verherrlichung des Tuns aus eigenem Wagnis. Aber das Zeitalter Sartres ist vorbei. Für unsere Diskussion möchte ich lieber von einer moralisch-politischen Krise sprechen. Der politische, der soziale, der moralische Bereich sind hier nicht voneinander zu trennen.

Am Anfang war Not und in der Not Besinnung und Neubeginn. Wohl fingen Kritiker bald an, von Restauration zu sprechen. Ja, in gewissem Sinn war es Restauration. Aber

Restauration ist nicht unbedingt ein schlechter Begriff. Man muß nur genauer sagen, was man damit meint. Ein junger Emigrant, den ich kenne, schrieb im Jahre 1939: »Und da die Revolution (gemeint ist Hitlers Revolution) neben viel Sterbereifem auch viel Lebenswürdiges vernichtet oder unterdrückt und tödlich gefährdet hat, so wird man, in bezug auf dies Lebenswürdige, konservativ, ja restaurativ gesinnt sein und wird z. B. das Recht, welches die Freiheit sichert, restaurieren.«

So geschah es, sechs Jahre, zehn Jahre später, und Gott sei Dank dafür, daß es geschah. Es ist aber nicht wahr, daß *nur* Restauration eingesetzt hätte, eine schlichte Rückkehr zu den Dingen, wie sie vor 1933 gewesen waren. Das war nicht nur bare Unmöglichkeit, es wurde auch gar nicht angestrebt oder erträumt. Der Geist des deutschen Grundgesetzes war von dem oberflächlich-optimistischen Geist der Weimarer Verfassung gründlich verschieden. Zugleich vorsichtiger und skeptischer, war sie sich der Grundwerte, die eine Verfassung nicht erfinden kann, sondern denen sie zu dienen hat, viel klarer bewußt. Die Charta, welche sich die Heimatvertriebenen gaben, atmete einen schönen Geist der Versöhnung auch mit den Völkern – oder deren Obrigkeiten –, die ihnen das angetan hatten. Lastenausgleich und Wiedergutmachung beruhten auf Gesetzen, die in der europäischen Geschichte beispiellos sind. Der Wiedergutmachungsvertrag mit Israel wurde vom Bundestag einstimmig in der freien, nicht aufgezwungenen Überzeugung angenommen, daß hier schwerste Schuld war, die getilgt werden mußte, wenigstens in dem geringen Maße, in dem sie getilgt werden konnte. Der Prozeß der Bildung politischer Parteien war ein ganz anderer als der von 1919 und ungleich erfolgreicher. Die neuen Einheitsgewerkschaften konnten bald eine viel kraftvollere Rolle spielen, als die Gewerkschaften sie vor 1933 gespielt hatten. Die soziale Marktwirtschaft, zu der die Unionsparteien sich nach einigem Schwanken entschlossen, sollte tatsächlich beides sein, Marktwirtschaft und sozial. Neuerungen wie die dynamische Rente, der soziale Wohnungsbau oder die Mitbestimmung in der Montanindustrie bewiesen im weiteren Verlauf, daß sozial kein leeres Wort war. Gänzlich neu war auch die erklärte Bereitschaft, zugunsten eines föderierten Europas auf staatliche Hoheitsrechte zu verzichten. All das und vieles andere, hatte mit Restauration im schlechten Sinn des Wortes nun wirklich nichts zu tun.

Von bloßer Restauration könnte man viel eher im Hinblick auf andere Staaten, z. B. Frankreich sprechen, wo sie durch die Illusion des Sieges gefördert wurde. Die Vierte Republik war in der Tat eine Neuauflage der Dritten, ohne daß man lange gefragt hätte, ob denn die Dritte so, wie sie sich in ihrem letzten Jahrzehnt gezeigt hatte, einer schlichten Wiederherstellung wert war. Ein einziger wußte es besser, Charles de Gaulle. Daher sein Rücktritt 1946, sein selbstgewähltes inneres Exil für zwölf Jahre.

Die Rückkehr zur Marktwirtschaft war zu Anfang mit unvermeidlichen Härten und Ungerechtigkeiten verbunden. Die Währungsreform begünstigte diejenigen, welche realen Besitz hatten, im Gegensatz zu jenen, die buchstäblich mit 40 Mark anfangen mußten. Eine wachsende Produktion konnte sich, wenn man von der Marshallplan-Hilfe absieht, nur durch sich selbst finanzieren; daher die Kargheit der Löhne am Anfang. Doch es wurde mit jedem Jahr besser, und darauf beruhte die allgemeine Zufriedenheit. Wohl gab es leidenschaftliche Debatten im Bundestag und zornig geführte Wahlkämpfe, aber es gab auch einen allgemeinen Grundkonsens: Zuerst war es ein Konsens im allgemeinen Elend gewesen, ein Konsens der Reue, der Selbstbesinnung, auch der Hoffnung. Nun wurde er zu einem Konsens gemeinsamen Wohlbehagens im Zeichen stetiger wirtschaftlicher Aufwärtsbewegung und außenpolitischer Erfolge.

Beim Rückblick ist man bekanntlich weiser. Der erste Konsens konnte nicht halten, denn es kann eine Nation nicht auf die Dauer in Sack und Asche gehen. Man muß nach vorne sehen, gleichgültig wie es mit der Vergangenheit – und es ging hier ja nur um die allerjüngste Vergangenheit – steht. Die zweite Art von Konsens beruhte auf einer langen Gutwetterperiode. Aber auf das Wetter ist kein Verlaß, und in welcher Form ein Gemeinwesen ist, zeigt sich erst, wenn das Wetter unsicher oder schlecht wird.

Der für das Leben einer Demokratie unabdingbare Konsens besteht in Deutschland heute noch; doch ist er bedroht. Nicht bloß durch die äußerste Linke, die zahlenmäßig gering ist, und eine noch viel geringere – obgleich auf das Genaueste zu beobachtende, und wo immer das Gesetz gebrochen wird, strafrechtlich zu verfolgende – äußerste Rechte, sondern durch die Re-Ideologisierung eines sehr breiten Sektors der SPD und der Führungsschichten innerhalb der Gewerkschaften. Wo man ein sogenanntes System nicht stückweise verändern, sondern durch ein radikal anderes ersetzen will, gibt es keinen Konsens mehr mit jenen, die es erhalten wollen. Daß es in den Fraktionen und erst recht an der Basis auch noch Sozialdemokraten guten alten Stils gibt, weiß ich. Auf diese Tatsache gründet sich die Hoffnung, aber für die Zukunft keine Garantie.

Unmöglich ist es und für unseren Zweck auch unnötig, den Gang der Ereignisse – den Ausgang der Adenauer-

Epoche, die Unionsregierungen im Zeichen der Großen Koalition, das Erscheinen der APO, die Wirksamkeit des SDS an den Hochschulen, die Revolutionierung der Hochschulen seit 1967, die Regierungsbildung von 1969, das Bestreben des Bundeskanzlers Brandt, die neue Linke in die von ihm geführte Partei zu integrieren und sie zugleich zu binden und zu benutzen, die Kaskade von Reformen in Bund und Ländern, zumal den sozialdemokratisch regierten (Reformen, die teils gut und recht, teils rein ideologisch inspiriert, überstürzt und ungeprüft waren), das immer lautere Wiederaufleben des Marxismus und der Lehre vom Klassenkampf, schließlich das Erscheinen von Terroristen und Mörderbanden, die mit der Neuen Linken keineswegs zu identifizieren, aber doch von ihr sekretiert, eine extreme Absplitterung von der Neuen Linken sind – unmöglich, das alles Revue passieren zu lassen. Ich muß mich auf eine Kurzanalyse beschränken und versuchen, zu diskutierbaren Thesen zu kommen.

Es ist ein Grundirrtum der Soziologie, auf ihrer Höhe einer echten, oft aber nur einer Pseudowissenschaft, jede Haltung einer Gruppe, sei sie auch zahlenmäßig noch so gering, jede geistige, moralische, praktische Haltung, sei sie auch noch so närrisch oder noch so verbrecherisch, als eine unvermeidliche Folge gesellschaftlicher Verhältnisse zu erklären. So ist es nun einmal nicht. Der Geist, erst recht der Ungeist, reagiert nicht, wie er muß, sondern wie er will; und wie er reagieren will, das kann man im voraus nicht wissen. Darum kommen die soziologischen Erklärer auch immer erst post festum; wären sie mit ihren Erklärungen den Dingen zuvorgekommen, dann wäre ihre Leistung eindrucksvoller. Es ist z. B. falsch bis zum Lächerlichen, den Terrorismus in der Bundesrepublik aus mangelhaften gesellschaftlichen Verhältnissen zu erklären. Psychologie dagegen bietet hier mehr; eine Psyche hat unbestreitbar jeder Verbrecher. Wer das Element der Spontaneität im Leben des einzelnen wie in der allgemeinen Geschichte sehen will, wer menschliche Versuchungen wie Arroganz, Ehrgeiz, Übermut, Machttrieb, Haß, Langeweile, Fanatismus, Aberglaube, Angst, Aggressionstrieb, auch die Wirkungen von schierer Arbeitsscheu und Langeweile für nichts achtet, lebt in Verblendung gegenüber der Wirklichkeit.

Unter den Aktionen der Unruhe, der Rebellion, endlich des Verbrechens, von denen Deutschland, noch stärker Italien, in den letzten zwölf Jahren heimgesucht wurde, hatten einige offenbar internationalen Charakter. Die Studentenrebellion reichte zeitweise von Californien über den amerikanischen Osten und Westeuropa bis nach Japan. Sie ließ auch das gebundene, schweigende Osteuropa nicht unberührt; die Tschechoslowakei ist ein Beispiel dafür. Die Tschechen und Slowaken aber rangen genau um das, womit ihre deutschen Altersgenossen sich langweilten bis zum Ekel, weil sie es überreichlich besaßen: um politische und geistige Freiheit, auch um eine freiere, an den Wünschen des Marktes orientierte Wirtschaft.

Man muß unterscheiden, die Regel ist bekannt. Die Amerikaner waren mit ihrem unglücklich geführten Krieg oder Halbkrieg in Vietnam, in den sie hineingeschlittert waren, unleugbar in einer quälenden, beschämenden Situation. Die Deutschen nicht. Mit Vietnam hatte Deutschland überhaupt nichts zu tun. Doch diente es hierzulande zum Vorwand, um die Bundesrepublik, auch sie, als Mitglied eines Systems anzuprangern, das ohne imperialistische Kriege angeblich nicht sein konnte. Unsere Terroristen waren und sind Affen der südamerikanischen und palästinensischen Terrororganisation, ohne lang zu fragen, was denn die soziale Wirklichkeit in Deutschland mit den Erfahrungen eines palästinensischen Flüchtlings oder Heimatvertriebenen gemeinsam habe. Für die japanischen Terroristen gilt ein Gleiches. Jene drei Japaner, die auf dem Flugplatz von Tel Aviv ein Massaker unter katholischen Pilgern aus Puerto Rico anrichteten, hielten sich für die Bundesgenossen der Palästinenser, ihre Waffen stammten aus Italien, ihre gefälschten Ausweise aus Deutschland. One World, eine Welt in der Tat, aber nicht so schön, wie man sich das vorgestellt hatte.

Auch mit der ökonomischen Lage hatte die Rebellion der akademischen Jugend nichts zu tun. Als sie begann, war Hochkonjunktur, und diese dauerte noch eine gute Weile; jeder Student konnte auch nach dem schwächsten Examen einer Anstellung sicher sein, wenn er nur eine haben wollte. Herrn Marcuses »große Verweigerung« richtete sich ja gerade gegen die Folgen der allgemeinen Prosperität, gegen den angeblichen Konsumzwang, gegen die Umweltzerstörung, die nun wirklich ein sehr ernsthaftes Problem war und bleibt. Ich muß es ausklammern.

Heute ist nun die Situation einigermaßen verändert. Nicht jeder, der studiert, kann einer seinem Studium entsprechenden Tätigkeit sicher sein; besonders dann nicht, wenn er irgendeine der neuen Wissenschaften oder Viertelwissenschaften gewählt hat, für die der gesellschaftliche Bedarf geringer ist, und die eben nur wenige und besonders dafür Begabte wählen sollten. Jedes Handwerk hat noch immer und mehr denn je seinen goldenen Boden. Das akademische Studium ist mit einem Maß an Risiko verbunden. Ich bedauere hinzufügen zu müssen, daß dies eine durchaus gewöhnliche Situation ist, so, wie sie immer war, wenn wir von den wirtschaftsgeschichtlich einmaligen fünfziger und sechziger Jahren absehen.

Wenn die akademische Jugend in den Jahren um 1970 rebellierte, weil die Hochkonjunktur mit allen Begleiterscheinungen ihr widerlich war, wie man uns glauben machte, und wenn sie heute, so macht man uns wieder glauben, verdüstert und tief betrübt ist, weil ihre beruflichen Aussichten so grau seien, weil sie die überflüssige Generation sei, so müssen wir doch schließen, daß in beiden Fällen des Pudels Kern nicht im Wirtschaftlichen zu suchen ist. These: Die Rebellion der Jahre um 1970 stammte nicht aus den gesellschaftlichen, den wirtschaftlichen Verhältnissen im allgemeinen, sondern aus den Lebensbedingungen derer, die mit sich selber unzufrieden waren und die Gründe ihres persönlichen Unbehagens auf die Gesellschaft übertrugen. Auch hat es sich immer nur um eine laute und geschickt artikulierte Minderheit gehandelt, für welche die Massenmedien, teils aus Sympathie, teils aus schierer Lust an der Sensation, den Lautverstärker bildeten.

Heute ist die auf Gymnasien und Hochschulen studierende Jugend im Durchschnitt so gut, wie sie je war, und wer weiß, was er will und einsatzbereit ist, der hat auch heute eine Chance, seine Gaben voll einzusetzen und vorwärtszukommen. Aber davon kommt wenig in die Massenmedien, weil sie eben sehr viel mehr am Ungewöhnlichen und besonders am negativ Ungewöhnlichen interessiert sind als am Positiven, am Ernsten, Bescheidenen, Durchschnittlichen und Braven.

Das Wiederaufleben des Marxismus ist eine spezifisch deutsche Erscheinung. In Frankreich konnte es keine Marx-Renaissance geben, weil dort, wenn wir von den vier Jahren der deutschen Besetzung absehen, der Marxismus immer eine große öffentliche Macht gewesen ist und in der kommunistischen und auch in der sozialen Partei (hier mit Nuancierungen) organisiert war. Dies setzte sich nach dem Sommer 1944 ganz von selbst fort.

In Südeuropa war der Marxismus als Doktrin nie eine solche Macht; nicht in Italien, viel weniger in Spanien. In Deutschland war er bis 1933 eine gewesen; die Kommunisten hatten sich der Doktrin mit Leib und Seele verschrieben, die Sozialdemokraten, die längst nicht mehr an sie glaubten, hatten zu ihrem und zu unserem Schaden nicht den Mut, sich klar und ein für allemal von ihr zu trennen. Dann kamen die Jahre der Verfolgung mit Feuer und Schwert. Als die verbotene Frucht endlich wieder erlaubt war, war sie, eben darum interessant; es gab etwas wie einen Marxismus-Nachholbedarf, zumal an den Hochschulen. Dieses Bedürfnis konnte auch jeder befriedigen, der Lust dazu hatte. An geistiger Freiheit fehlte es auch in der Adenauer-Epoche wahrlich nicht. Zum Beispiel bot die bald über und über einflußreiche sogenannte Frankfurter Schule nichts anderes als einen verfeinerten, subtilisierten Marxismus, Marxismus für feine Leute oder solche, die es werden wollten, einen literarisch hochstehenden, sogar einen pessimistischen Marxismus. Niemand dachte daran, sie am Werk zu hindern. Das ging weiter, das breitete sich aus durch Schüler und Schülers Schüler, trotz der Erfolge der Marktwirtschaft, die bald die kühnsten Hoffnungen ihrer eigenen Theoretiker übertraf.

Solche Entwicklungen im Kleinwirklichen waren für die Frankfurter von geringem Interesse, außer, daß sie ihnen selbst ein recht komfortables Leben ermöglichten. In Parenthese: Daß es mit dem Professor Adorno durch die Haltung seiner eigenen Studenten, ein etwas trauriges Ende nahm, kann ich für nichts anderes als eine gerechte Strafe halten. Seine Schüler lehrte er, daß alles, was ist, falsch ist und dialektisch zu einer Grundveränderung führen muß. Wenn die nur allzu gläubigen Schüler aber fragen, wie sie sich denn nun praktisch zu verhalten hätten, um das Ende des Falschen zu beschleunigen, antwortete er: Was praktisch? Es hat sich doch nur um akademische Lehrveranstaltungen gehandelt. – Eine solche Haltung, geboren aus schierer Wirkungssucht, ist unverantwortlich bis zum Verbrecherischen. Ich sage das, weil T. W. Adorno hier als Beispiel für einige Dutzend seiner Kollegen steht.

Der Marxismus war also in Deutschland eine geistige Macht, trotz der Erfolge der sozialen Marktwirtschaft, trotz des Godesberger Programms der SPD 1959. Er war ein alter Schlauch, immer geeignet, neuen Wein aufzunehmen. Raymond Aron, einen bekannten Satz von Marx variierend, hat ihn das Opium der Intellektuellen genannt. Damit meinte er den Reiz, den die Verbindung von Wissenschaft, Scheinwissenschaft, Ideologie und Aberglauben, resultierend aus Allwissenheit gerade auf Intellektuelle ausübt. Die Attraktion des Marxismus wuchs in demselben Maße, wie der Konsensus der Adenauer-Epoche schwand.

Nun ist übersteigerter Individualismus, Egozentrismus, Anarchismus eine Sache. Marxismus ist eine andere. Die beiden passen zusammen wie Feuer und Wasser; wie Lenin und Professor Marcuse. Auf dem Papier – und wir haben es hier ja solange mit einer papierenen, einer Wortwelt zu tun, bis die Leute beschließen, daß Schießen besser ist als Schreiben – auf dem Papier lassen sich auch Feuer und Wasser vereinen, nicht in der Wirklichkeit. Kämen die Leute der äußersten Linken durch Zerstörung der vorhandenen Mächte selbst zur Macht, so müßten sie sich erst noch entscheiden, was sie denn eigentlich wollen: Den totalen Staat, von dem jeder und jedes abhängt, der jedem jedes vorschreibt, oder ein Paradies von Wilden, in dem jeder für sich und niemand für alle da ist.

Wir haben es mit einem trüben Bündel von Feindschaften zu tun, so daß wir uns über die Feinde dieses Staates und dieser Gesellschaftsordnung klarer sein müssen, als sie es selber sind.

Die marxistische Doktrin war und ist ungeeignet, die soziale Wirklichkeit Europa-Amerika zu erfassen, und die wirtschaftliche Entwicklung Deutschlands am allerwenigsten. Die Revolution, die tiefe Veränderung des Lebens durch die Entfesselung der Produktivkräfte, durch die Ergießung des Füllhorns industrieller Produktion auf alle anstatt auf eine Minderheit, sie hat nicht da stattgefunden, wo sie hätte stattfinden sollen, nämlich in den kommunistischen Ländern, sondern im Westen.

Hier ist geschehen, was nach Marx nicht geschehen konnte: Fülle und wachsender Wohlstand für alle im Zeichen der Marktwirtschaft. Und das hat neben guten auch weniger gute Folgen gehabt. Wäre es heute noch so, wie es in meiner Jugend war, daß alle von der Industrie geschaffenen, für das Leben aber nicht unbedingt notwendigen Annehmlichkeiten des Lebens, die Automobile, die Drei- oder Vier- oder Fünf-Zimmerwohnungen, das eigene Haus, die Waschmaschine, die Kühlschränke, sogar die Badezimmer, und die Urlaubsreisen und so weiter nur für eine geringe Minderheit da waren, dann wäre keine Spur von Energiekrise und Abhängigkeit von arabischem Öl und der Notwendigkeit von Kernkraftwerken, dann wären die Flüsse sauber, die Luft rein, die Straßen nicht verstopft, und es gäbe keine Inflation. Aber man mußte ja wissen, was man wollte.

Was man wollte, was man sich auch nur in seinen kühnsten Träumen erhoffte, hat man erreicht, und zwar im Zeichen der Wirtschaft, die man heute immer noch die kapitalistische nennt, obgleich sie sich zu dem, was Marx vor 130 Jahren analysierte, so verhält wie der Tag zur Nacht. Also ist der Marxismus falsch und war immer falsch, denn er sollte ja nicht nur für den Augenblick von 1847 wahr sein, sondern für die fernste Zukunft. Das Wiederaufleben des Marxismus, keineswegs nur auf der äußersten Linken, sondern auch innerhalb der SPD und der Gewerkschaften oder Gewerkschaftsführungen, ist also bloße Willkür. Man kroch zurück in das noch immer bereitstehende, immer bequeme, wenn auch stark nach Verwesung riechende Bett.

Ein Begriff, dessen man sich in diesem Zusammenhang ständig bedient, ist der des Spätkapitalismus. Auch berühmte Professoren nehmen ihn als selbstverständlich an. Was liegt in dem Wörtlein Spät? Natürlich dies: Der Kapitalismus nähert sich seinem Ende – und der Sozialismus wird ihn ersetzen. Also immer noch das alte Lied von 1847. Nur paßt das Wort Kapitalismus für unser Wirtschaftssystem überhaupt nicht mehr.

Wir haben nämlich heute eine Mischform, die keinen Namen hat (am Ende auch keinen braucht), dafür aber überaus anpassungsfähig ist, produktiv, in ständigem Wandel, nicht beherrscht durch einen einzigen Plan, sondern durch eine Fülle von Plänen und ständig in Gang gehaltenen wissenschaftlichen Forschungen. Natürlich ist sie im Übergang begriffen, aber in einem kontinuierlichen. Zu denken, sie sei im Begriff, sich total zu verwandeln, von einem Ismus zum anderen zu springen, und eben das zu tun, was Karl Marx schon vor hundert und so und so vielen Jahren begierig von ihr erwartete, ist realitätsfremd. Man ist wirklich versucht, denen, die das glauben, denen, die so reden, den Studentenvers von 1967 zuzurufen: Unter den Talaren der Muff von hundert Jahren! Ob es nun um Professoren geht, um Gewerkschaftssekretäre, Publizisten oder aufsteigende Politiker innerhalb der SPD: diesen kläglich veralteten Talar tragen sie alle.

Die Schwierigkeiten, vor denen auch die deutsche und westeuropäische Wirtschaft sich heute befindet, resultieren nicht aus ihren Mißerfolgen, ihrem Versagen, sondern im Gegenteil aus ihren explosiven Erfolgen. Doch danach fragen ihre Gegner nicht. Sie fragen auch nicht danach, inwieweit sie denn selbst an diesen Schwierigkeiten mit schuld sind. Ihre Haltung, das trifft für den linken Flügel der SPD ebenso zu wie für einen großen Teil der Gewerkschaftsführung, ist unklar, oft auch unentbehrlich.

So heißt es zum Beispiel, die Marktwirtschaft sei an der Arbeitslosigkeit schuld. Aber an der Arbeitslosigkeit, insoweit sie eine echte ist, ist nicht die Marktwirtschaft schuld, sondern, wenn wir absehen von strukturellen Schwierigkeiten gewisser Industrien, ihre ständige Überforderung. Sie kann sehr viel hergeben, doch muß ständig *noch mehr* hergeben, als sie *kann,* an Steuern, Gehältern, Sozialleistungen und technischen Auflagen. Das berühmte Wort des Herrn Steffen, man müsse die Belastbarkeit der Industrie testen, wäre gar nicht so interessant, wenn es nur die Ansicht des Herrn Steffen wiedergäbe. Der Gedanke steckt aber, bewußt oder halbbewußt, in sehr vielen Köpfen. Hält der Esel noch eine Weile aus, dann ist es gut. Hält er nicht aus, bricht sein Rücken – auch gut. Dann haben wir es ja immer gesagt, und dann werden wir es viel viel besser machen.

Daß ein so zwielichtiges Denken der Wirtschaft schlecht

bekommt, kann jeder Grundschüler begreifen. Es wäre zu wünschen, daß die Leute ehrlicher wären, oft auch vor sich selber, und klarer wüßten, was sie denn nun eigentlich wollen: Das, was sie Systeme nennen, erhalten, indem man es ständig ändert und verbessert, oder, nach dem gängigen Ausdruck, es überwinden, das heißt zerstören? Wäre dies klar, dann könnte man entweder in den Wesensfragen trotz der unvermeidlichen Routine-Konflikte mit ihnen übereinstimmen oder aber sie direkter bekämpfen, als es heute möglich ist, und die Wähler wirkungsvoller gegen sie mobilisieren. Denn die Bürger, die sozialdemokratisch wählen, denken auch sozialdemokratisch; den vollen Sozialismus der SPD-Linken wollen sie nicht. Das ist ein Grund dafür, warum die SPD-Linke vor den Wahlen immer so still ist und nach den Wahlen immer so laut.

Die französischen Sozialisten, an der Spitze Herr Mitterand, Vizepräsident der sozialistischen Internationale, deren Präsident Herr Brandt ist, waren da ehrlicher mit ihrem programme commun, das sie mit den Kommunisten zusammen entworfen hatten. Das war kein sozialdemokratisches, sondern ein voll sozialistisches, seiner Anlage nach also ein kommunistisches Programm.

Ein anderer Begriff, mit dem ebenso erfolgreich und zu ähnlichem Zwecke gezaubert wird wie mit dem Begriff des Spätkapitalismus, ist der Antifaschismus. Dazu ist zu sagen: Antifaschisten sind wir alle, ob man nun den an sich vagen, eben darum leicht verfügbaren Sammelbegriff Faschismus im Auge hat oder hier in Deutschland die Herrschaft Adolf Hitlers und der Seinen. Über die brauchen wir keine Belehrung. Es können und sollen auch die Schandtaten der Nazis nicht vergessen, nicht verdunkelt, nicht beschönigt oder weggelogen werden, und die Narren, die das wollen, sind zu bekämpfen, wo immer sie laut werden.

Aber der Faschismusbegriff der Linken und äußersten Linken ist ein ganz anderer. Ihnen geht es nicht um die Diskreditierung derer, die tot und von der Geschichte verurteilt sind, sondern um die Diskriminierung der gegenwärtigen Wirtschafts- und Gesellschaftsordnung, die vor einem halben Jahrhundert den Nazismus unvermeidlich produziert habe und ständig im Begriff sei, ihn wieder zu produzieren. Die Auseinandersetzung mit der Vergangenheit, gegen die wahrlich nichts einzuwenden wäre, wenn man sie mit Genauigkeit betriebe, wird zu einem demagogischen Kampf gegen die Gegenwart, die man durch irgendwelche trüben Utopien ersetzen will.

Grobe Demagogie ist eines; wissenschaftliche Erforschung der Wahrheit etwas totaliter anderes. Die Geschichte des Aufstieges des Nazismus, seiner Erfolge, seiner Verbrechen und seiner schließlichen Katastrophe ist überaus komplex. Mit Schlagworten wie: *die* Industrie oder *die* Generalitiät oder gar *der* Kapitalismus kommt man ihr nicht bei. Nicht einmal eine so simple Frage, warum denn eigentlich der englische Kapitalismus nichts dergleichen produzierte, vielmehr gerade England es war, das den Kampf gegen Hitler aufnahm, während gleichzeitig der Kreml einen Vertrag zu gemeinsamem Raub mit ihm schloß, wird unter dieser verkürzten Sicht der Dinge reflektiert.

Ebenso demagogisch und ignorant vereinfachend geht man mit der Vorgeschichte, der deutschen Geschichte überhaupt um; so, als ob sie dreiviertel Jahrhunderte lang oder ganze Jahrhunderte lang diesem schlechten Ende unaufhaltsam zugestrebt hätte. Dies ist eine nicht zu verantwortende Art, sich und die lernende Jugend um Reichtum und Vielfalt der Vergangenheit zu betrügen und eine Dauernacht zu machen, in der alle Katzen grau sind, weiß allenfalls nur die stets unterdrückten Untertanen. Es ist auch eine fatale Art, den falschen Begriff der Unvermeidlichkeit, einmal in die Vergangenheit eingeführt, auf die Zukunft zu übertragen. Unvermeidlich soll der Nazismus gewesen sein; unvermeidlich ist dann auch der Sozialismus.

Die Gleichmacherei, die man für die Vergangenheit betreibt, steht in direkter Beziehung zur Gleichmacherei, die man in der Gegenwart und für die Zukunft betreibt. Längst schon und bewußt werden die Unterschiede im menschlichen Rang, im moralischen wie in dem der Begabung und ihrer Erfüllung, verwischt und geleugnet; etwas wie menschliche Größe soll es nie gegeben haben. In den Hessischen »Rahmenrichtlinien« sah ich die Namen Adolf Hitler und Konrad Adenauer direkt nebeneinander; so, als ob zwischen diesen beiden überhaupt keine Wesensunterschiede gewesen wären. Das Beispiel ist charakteristisch in seinem Extrem; tiefer geht's nicht.

Um einen neuen, um den alten Sinn für menschlichen Rang muß gekämpft werden; für den großen Künstler, den Denker und Forscher, den Pionier und Erfinder, für den Frommen und Heiligen und für den großen Staatsmann auch. Wäre in aller Vergangenheit die Gleichmacherei so betrieben worden wie heute, dann wäre unser Europa nie geworden, was es vor kurzem noch war; und wird sie weiter so betrieben, dann wird unser Europa auch das nicht bleiben können, was es heute noch ist.

Es ist in den letzten Jahren von einer »Tendenzwende« die Rede gewesen. Zu einem Teil war hier wohl der Wunsch der Vater des Wortes. Aber nicht ganz. Das Zeitalter der Kapitulation ist vorbei und Gott sei Dank, daß es vorbei ist.

Es hat ungefähr zehn Jahre gedauert, 1965 bis 1975. Da gab es keine Mode, die zu dumm, zu albern oder halbgescheit und nihilistisch gewesen wäre, als daß sie nicht von neun Zehnteln der Vertreter des öffentlichen Geistes übernommen und auf den Kongressen der Akademien und PEN-Clubs und Soziologenvereine beifällig diskutiert worden wäre: Pornographie, Rauschgift mitsamt seinen anerkennenswerten Seiten, Terrorismus oder Emanzipation; wer nicht bereit war, darüber zu sprechen und allermindestens milde verständnisvoll darüber zu sprechen, der war ein faschistoider Reaktionär, der konnte froh sein, wenn man ihn nicht niederbrüllte. Damit wenigstens ist es vorbei. Man traut nicht mehr jeder neuesten Geistesmode, komme sie auch aus Amerika oder aus Schweden, man schwört nicht mehr alsbald auf sie und macht nicht hastig entworfene Gesetze in ihrem Sinn, aus sicherer Angst, als Reaktionär verachtet zu werden. Wir haben wieder, was man heute Pluralismus nennt – so, als ob in unserem Europa je eine einzige Meinung, Überzeugung oder gar Mode ausschließlich geherrscht hätte. Auch das ist eine von den Einbildungen unserer Zeit, daß wir den Pluralismus zuallererst erfunden hätten. Jedenfalls, wir lassen uns nicht mehr ins Bockshorn jagen, wir haben wieder einen Kampf der Urteile, der Gesinnungen und Zielsetzungen. Dieser Kampf sollte so sauber geführt werden, wie möglich ist, das heißt, Sachurteile und Werturteile sollten unterschieden werden. Ganz erreichbar ist dies Ziel nie, denn die Intelligenz, schreibt Schopenhauer, ist die Magd des Willens. Immerhin, zwei mal zwei ist vier, und a ist gleich a, und die Marktwirtschaft hat sich der sozialistischen Wirtschaft als überlegen erwiesen, und Freiheit ist ein hohes Gut und eine schwere Aufgabe, eine Herausforderung zugleich; das sind Tatsachen, wie das Licht eine ist.

Zur Freiheit gehört Freiheit der Kritik, auch der Kritik an unserer Gesellschaftsordnung; die brauchen wir; und je verantwortungsvoller, je sachnäher und je freier von ideologischer Doktrin sie ist, desto nützlicher wird sie sein. Kritik, die sich an einem vor nahezu hundert Jahren verstorbenen, durch die Geschichte über und über widerlegten Doktrinär sklavisch ausrichtet, ist das genaue Gegenteil davon. Übrigens lebt ein Volk nicht von Kritik. Sie kann im Ernst immer nur die Aufgabe von wenigen sein, die ihre besondere Begabung und Phantasie dazu bestimmen. Nutzen und Macht der Gesellschaftskritik sind in unserer Zeit ungesund übersteigert worden und im Zusammenhang damit auch Nutzen und Macht des Konflikts. Natürlich ist es wahr, daß innerhalb einer Gesellschaft immer irgendwelche Konflikte existieren, falls sie nicht von einer diktatorischen Obrigkeit unterdrückt werden. Ob das aber ein solcher Vorteil ist, daß man sagen könnte, je mehr Konflikt, desto besser, das ist eine ganz andere Frage. Konflikte sind zumindest allemal ein Kräfteverschleiß – ein bis zum bitteren Ende, anstatt zum vernünftigen Kompromiß, durchgeführter Konflikt erst recht. Auch und sogar Konflikte können eine Gesellschaft im positiven Sinn bewegen; daß sie *allein* es müßten und könnten, ist purer Aberglaube. Ich möchte wohl wissen, was, sagen wir, Liebigs Chemische Briefe oder die Entwicklung des Verbrennungsmotors oder die Schöpfung der Quantentheorie eigentlich mit Konflikt zu tun haben. Wir müssen uns also bemühen, den Konfliktbegriff wieder auf den ihm gebührenden Platz zu stellen und müssen seine Vergötzung bekämpfen.

Eine andere, beunruhigende Feststellung ist zu treffen: Wir haben heute eine wachsende, längst das Normale, wenn man hier von Normalität reden darf, übertreffende Zahl von Selbstmorden Jugendlicher; das gilt für Deutschland wie für die Vereinigten Staaten. Dies ist eine sehr ernste Tatsache, viel ernster, glaube ich, als der ganze Terrorismus. Terroristen wollen sich und anderen beweisen, daß sie ernstzunehmen sind, ernst machen, blutigen Ernst machen, aber ernst im besseren Sinn des Wortes sind sie deswegen noch lange nicht, so wenig wie die Nazis es waren. Aber Selbstmord, in Einsamkeit begangen, ist wirklich eine Sache von traurigstem Ernst. Wird eine Botschaft hinterlassen, so wird nicht wie früher am häufigsten Liebeskummer genannt oder ein Versagen in der Schule, Angst vor den Eltern, sondern die Sinnlosigkeit der eigenen Existenz: »Ich sehe in meinem Leben keinen Sinn.« Da liegt nun wirklich eine schwere Herausforderung an die Gesellschaft; die Frage, was geht da vor, was ist da falsch, drängt sich auf. Weder der Staat noch die Gesellschaft können den einzelnen Menschen glücklich machen. Der junge Mensch irrt, der vom Staat sein Glück erwartet, und wenn er ihn gleichzeitig verachtet und doch sein Glück von ihm erwartet, dann irrt er doppelt. Der Staat kann im besten Fall nur Rahmenbedingungen schaffen, unter denen persönliches Glück leichter zu erwerben ist, als das, sagen wir, in der Epoche der großen Wirtschaftskrise von 1930 der Fall war. Solche vergleichsweise günstigen Rahmenbedingungen bietet er heute; der Rest, und der Rest ist die Hauptsache, kann bei ihm nicht liegen. Aber diese Feststellung befreit uns doch nicht von der Frage: Was ist da falsch? Warum auch wenden so viele Jugendliche sich neuen Sekten zu, oft Sekten der übelsten Art? Die Frage müssen die Kirchen sich stellen und die Lehrer, von der Grundschule bis zur Hochschule, und die Vertreter von Presse, Massenmedien, Literatur, auch die Politiker und eigentlich alle mitdenkenden Bürger. Eine einfache Antwort, ein sicheres Heilungsrezept kann es nicht geben – doch dies befreit uns nicht von der Frage selbst.

Die Überzeugung *eines* denkenden Mitbürgers darf ich Ihnen mitteilen: Es sind neben den Menschenrechten, die sehr gut sind, aber oft als bloßer Schutz vor Staat und Gesellschaft verstanden wurden, die Menschenpflichten lange Zeit zu kurz gekommen. Dies hängt mit verschiedenen Dingen zusammen, zum Beispiel mit den Eigenarten und Gefährdungen einer reichen Industriegesellschaft, wie Alexis de Tocqueville sie schon vor 150 Jahren prophetisch beschrieben hat. In Deutschland aber auch damit, daß unter der Herrschaft Adolf Hitlers so viele Tugenden, und zwar Tugenden, die man mit Pflichten verbindet, mißbraucht und denaturiert worden sind. Zum Beispiel die Tugenden der Treue, des Gemeinsinns, des Samaritertums, die Pflicht, aus seinem Leben im Bündnis mit anderen etwas Sinnvolles zu machen, wozu dann auch wieder die Pflicht zur Leistung und zur Selbstdisziplin gehört. All das und anderes mehr ist Jahrzehnte lang tabu gewesen. Aber Treue ist nun einmal eine Tugend und eine dem Menschen lebensnotwendige, und wir können sie nicht in alle Ewigkeit verachten, weil das Wort ein paar Jahre lang auf den Dolchen der SS gestanden hat, und wir können nicht Freude, den schönen Götterfunken, verachten, und die Pflicht, sich Freude als ein Lebenselexier zu erwerben, weil es einmal zwölf Jahre lang die Organisation »Kraft durch Freude« gegeben hat. Das Schlagwort oder die Aufforderung »Mut zur Erziehung«, die wir unlängst hörten, läuft genau darauf hinaus: Von den eben genannten Tabus müssen wir uns befreien.

Der Sinn des Lebens läßt sich nicht herschenken und läßt sich nicht von Obrigkeits wegen vorschreiben. Das Allermindeste, was die Älteren, die Lehrer auf jeder Stufe, die Schriftsteller, die Publizisten, die Geistlichen tun können, wäre aber doch, die Jugend nicht am Erwerb von Lebenssinn und Lebensfreude zu hindern. Nihilismus allen menschlichen Werten gegenüber aber tut genau das. Erziehung nur zur Kritik, zur Analyse, zum »Hinterfragen«, wie dies neue, liebe Wort heißt, zum Hinterfragen aller Werte als oppressiv und herrschafts-stabilisierend tut genau das. Und dann wundert man sich, wenn die jungen Leute von einer solchen Bettelsuppe nicht leben können, sondern Hilfe bei irgendeiner guten oder unguten Sekte suchen oder statt realer Erlebnisse Ersatzerlebnisse im Drogenrausch suchen.

Ich möchte hier hinzufügen, daß wir nicht alle sogenannten Kommunen ohne weiteres verdammen sollten. Es gibt oder gab verbrecherische. Es kann aber auch solche geben, die ihren Mitgliedern, einzelnen oder Familien, das Leben nicht nur erleichtern, sondern ihm auch einen besseren Sinn verleihen; und solche Kommunen sollte man keineswegs auseinanderjagen. Wenn ferner junge Leute aufs Land gehen, um vom Boden zu leben versuchen, dann ist das nicht notwendigerweise eine schlechte Sache, auch wenn sie es aus Protest gegen unsere Gesellschaft tun, auch wenn sie aus unserer Zivilisation »austreten« wollen. Gelingt ihnen ihr Versuch, und leicht ist der ja nun nicht, dann werden sie glücklichere Menschen sein; und sind sie glücklichere Menschen, dann werden sie auch wieder Mitbürger sein, wenn sie das gar nicht vorhatten.

Zur Freude am Leben gehört der Sinn für das Schöne. Also muß man ihm eine Chance geben, sich zu entwickeln, zum Beispiel durch die Erfahrung großer Literatur, des Gedichtes oder der Erzählung. Hier wird auch der Sinn für Menschen erweckt, die tiefer erlebten und höher strebten, als wir Durchschnittsmenschen es tun. Darum ist große Literatur zu pflegen und nicht durch sozialkritische Studien sogenannter Texte zu ersetzen, bei denen Mietshausordnungen, Reklametexte und Lyrik genauso in einen Topf geworfen werden, wie es – siehe oben – mit Adolf Hitler und Konrad Adenauer geschieht.

Vor Schwarzweißmalerei, vor schrecklichen Vereinfachungen, vor eingebildeter Allwissenheit und Dünkel kann das Studium der Geschichte beschützen. Es lehrt die Vielschichtigkeit, die Unsicherheit und Gebrechlichkeit und Unvorhersagbarkeit der menschlichen Dinge, lehrt, warum so vieles verfehlt und kurzsichtig und verderblich war, wo bessere Möglichkeiten gewesen wären, und warum aus großen, kraft angeblicher Wissenschaft unternommenen Totalveränderungen nie das herauskam, was beabsichtigt gewesen war, sondern oft das genaue Gegenteil davon. Geschichte lehrt, der Menschen schönste wie auch infamste Möglichkeiten zu erkennen. Geschichtsunterricht sollte darum nicht aufgegeben, nicht durch oberflächliche und doktrinäre Sozialkritik ersetzt, sondern in zeitgemäßen Formen erneuert und intensiviert werden. Und natürlich kann und soll es nicht mehr in erster Linie Nationalgeschichte sein, sondern Weltgeschichte und besonders europäische Geschichte, die uns lehrt, daß Europas Nationen in ihren Unterschieden wie in ihren Gemeinsamkeiten immer ein Ganzes bildeten, dessen Teile in Isolierung überhaupt nicht historisch begriffen werden können.

Eine letzte Frage muß ich zuletzt noch kurz streifen, ohne sie zu beantworten. Noch wissen wir nicht, ob ein Gemeinwesen eigentlich ohne transzendierenden Glauben, ohne Religion auf die Dauer leben kann. Das russische Imperium bietet dafür keinen Beweis; denn erstens lebt dort die christliche Religion im Untergrund fort, in Polen sogar nichts weniger als das, sondern bildet im Gegenteil die edelste Stütze für die Erhaltung nationaler Identität. Zweitens versuchen die Kommunisten eine Ersatz-Religion zu bieten, eine trübe Mischung aus Wissenschaft, Pseudowissenschaft und Ideologie, was zu solchen Versuchen wie in der DDR führt, wo die Konfirmation durch die Jugendweihe ersetzt wird. Ich zweifle am Erfolg, aber der Versuch allein ist bezeichnend genug.

So wenig die dem Menschen notwendigen Tugenden sich von Obrigkeits wegen erzwingen lassen, so wenig läßt Glaube sich erzwingen. Aber wieder ist das allerwenigste, was die Vertreter des öffentlichen Geistes tun können, sein Wachsen nicht etwa dadurch zu behindern, daß an Hochschulen oder schon an den Gymnasien der logische Positivismus, eine immerhin saubere, aber erbärmlich dürftige und dürre Lehre, als die einzig noch mögliche Philosophie geboten wird. Die Grundwerte, die von ihnen abgeleiteten Menschenrechte, sind sehr gut. Aber woher kommen sie? Aus der Natur kommen sie ganz sicher nicht, die Natur kennt radikale Rechte. Aber woher kommen sie dann? Und können sie dauern, wenn man sich von dem trennt, aus dem allein sie stammen? Mit dieser Frage möchte ich schließen.

Franz Josef Strauß
Bayerischer Ministerpräsident

Ministerpräsident Franz Josef Strauß wurde am 6. September 1915 in München geboren. Nach dem Besuch des Max-Gymnasiums studierte er als Stipendiat der Stiftung Maximilianeum in München klassische Sprachen, Geschichte und Volkswirtschaft und legte 1939 das 1. Staatsexamen in den Fächern Geschichte, Latein und Griechisch, 1940 das 2. Staatsexamen für den höheren Schuldienst ab.

Im September 1939 wurde er zum Wehrdienst einberufen und stand bis Anfang 1942 als Artillerist an der Front in Frankreich und in Rußland. Nach schweren Erfrierungen wurde er als Ausbildungsoffizier an die Flakschule Altenstadt bei Schongau versetzt, wo er bis Kriegsende blieb, zuletzt im Rang eines Oberleutnants.

Noch im Mai 1945 bestellten die amerikanischen Besatzungstruppen Franz Josef Strauß zum stellvertretenden Landrat des Landkreises Schongau, wo er zweimal (1946 und 1948) zum Landrat gewählt wurde. Daneben arbeitete er zunächst als Jugendreferent im Bayerischen Kultusministerium und später als Leiter des Bayerischen Landesjugendamtes im Innenministerium. 1948 wurde Franz Josef Strauß Mitglied des Frankfurter Wirtschaftsparlaments.

Das Gründungsmitglied des Kreisverbandes der CSU in Schongau (1945) gehörte ab 1946 dem Landesvorstand der CSU an, die ihn im Dezember 1948 zum Generalsekretär bestellte und 1952 zum stellvertretenden und schließlich im März 1961 zum Parteivorsitzenden wählte.

Vom 14. August 1949 bis zum 29. November 1978 gehörte Franz Josef Strauß ununterbrochen dem Deutschen Bundestag als Abgeordneter des Wahlkreises Weilheim an. Er bekleidete die Ämter des Vorsitzenden der CSU-Landesgruppe, des stellvertretenden Vorsitzenden der CDU/CSU-Fraktion, des Vorsitzenden des Bundestagsausschusses für Jugendfragen (1950) und des Vorsitzenden des Bundestagsausschusses für Europäische Sicherheit (1952). Bundeskanzler Konrad Adenauer berief ihn im Oktober 1953 zum Bundesminister für Sonderaufgaben in die Bundesregierung und ernannte ihn im Oktober 1955 zum Bundesminister für Atomfragen. Von 1956 bis 1962 leitete Franz Josef Strauß das Bundesministerium der Verteidigung. In diese Zeit fallen sowohl der Aufbau der Bundeswehr als auch ihre Ausrüstung mit hochtechnisierten Waffensystemen. Zwischen 1963 und 1966 leitete Franz Josef Strauß wieder die CSU-Landesgruppe im Deutschen Bundestag als deren Vorsitzender. In der Großen Koalition (1966 bis 1969) war er Bundesminister der Finanzen.

Franz Josef Strauß erhielt bei der Bayerischen Landtagswahl am 15. Oktober 1978 im Wahlkreis Oberbayern 635 414 Zweitstimmen – das beste Ergebnis, das jemals ein Listenkandidat in Bayern erzielte. Der Landtag wählte ihn am 6. November 1978 zum Bayerischen Ministerpräsidenten.

Seit 1957 ist Ministerpräsident Franz Josef Strauß mit Frau Marianne, geborene Zwicknagl, verheiratet und hat zwei Söhne und eine Tochter.

Vier Universitäten verliehen ihm die Würde eines Ehrendoktors, nämlich die Universität Detroit, die Technische Universität in Cleveland, das Calamazoo-College und die De Paul Universität in Chicago.

Quellenhinweis

Die Kapitel dieses Buches beruhen auf folgenden Reden und Aufsätzen:

Die wirtschaftspolitische Herausforderung der achtziger Jahre: *Aus der Rede auf den bayerischen Unternehmertagen 1979 am 24. Januar 1979*

Die bundesstaatliche Ordnung – unentbehrlicher Eckstein unseres freiheitlichen Staates: *Unter dem Datum des 1. Dezember 1978 hatten die Abgeordneten des Bayerischen Landtags Jaeger, Redepenning und die Fraktion der FDP eine Interpellation an die Bayerische Staatsregierung zum Betreff: Verhältnis Länder – Bund gerichtet. Am 21. Februar 1979 beantwortete der Bayerische Ministerpräsident Franz Josef Strauß die sechs Fragen dieser Interpellation vor dem Bayerischen Landtag. In diesem Buch werden die wichtigsten Ausführungen aus dieser grundlegenden Rede wiedergegeben.*

Toleranz – Nicht nur dulden, sondern anerkennen: *Aus der Ansprache anläßlich der Eröffnung der Woche der Brüderlichkeit am 4. März 1979*

Mut zur Freiheit – Chance für Europa: *Aus der Rede auf dem Europa-Forum der CSU in Nürnberg am 7. April 1979*

Soziale Sicherheit heute und morgen: *Aus der Rede vor dem 11. Landesverbandstag des VDK-Landesverband Bayern am 21. April 1979*

Der Unternehmer in Gesellschaft und Politik: *Aus der Rede auf dem Kraftfahrzeugunternehmer-Kongreß am 11. Mai 1979 in München*

In Sorge um ein freiheitliches Gesundheitswesen: *Aus der Begrüßungsansprache bei der Eröffnungsveranstaltung des 82. Deutschen Ärztetages am 15. Mai 1979 in Nürnberg*

Öffentlich-rechtliche Kreditinstitute dienen dem Gemeinwohl: *Aus der Rede auf dem Deutschen Sparkassentag 1979 in München am 16. Mai 1979*

Selbstbestimmungsrecht ist Menschenrecht: *Aus der Rede auf dem 30. Sudetendeutschen Tag 1979 am 3. Juni 1979 in München*

Der Staat – Rahmen oder Reparaturbetrieb der Marktwirtschaft?: *Aus der Rede vor der Hauptversammlung des Bundesverbands der Pharmazeutischen Industrie am 13. Juni 1979*

Die Raumfahrt – Leistung einer schöpferischen Minderheit: *Aus der Grußansprache vor dem 30. Internationalen Astronautischen Kongreß in München am 17. September 1979*

Mit aller Kraft für Deutschland: *Rechenschaftsbericht vor dem CSU-Parteitag am 29. September 1979; veröffentlicht im »Bayernkurier« vom 6. Oktober 1979*

Golo Mann, Das geistige Ringen um den Kontinent: *Rede vor dem Europa-Forum am 6. und 7. April 1979 in Nürnberg*